和食の力に魅せられて

伝統美味食の世界

長尾典子

刊行に寄せて

長尾典子さんとは、和食文化国民会議で初めてお会いして以来、食に関わって積極的な活動をされる姿を拝見していました。ある時は英語ＴＶ局の番組担当者であったり、大学の講師であったり、セミナーの仕掛け人であったりと、神出鬼没ながら、現在は龍谷大学大学院の、私の研究室の博士課程学生として食文化の科学的研究にも従事されています。本書の刊行にあたって、研究室の隣人として一言添えさせていただきたく存じます。

この本を手に取られた方は多くの点で驚かれることと思います。実に多彩な視点と、自身の仕事に一途な情熱を傾ける人たちの顔がここにはあります。その姿の細部を、著者の海外の食文化に対する澄んだ感性と日本の風土や食の歴史への造詣が静かに彩っています。

本書には、食のストーリーに耳を傾けるという著者の一貫した姿勢があり、そこから、私たちが忘れそうになっている古風で凛とした佇まいや、用の美というべき純粋な現代性がリアルに迫ります。全てが美しい食の世界です。関係の方々に驚きを共感いただければ幸いです。

２０２０年８月吉日

龍谷大学教授　伏木　亨

❖ はじめに

私たちの身近にある食材、食卓にある食べ慣れた料理には、沢山の物語が宿ります。通り過ぎてしまいそうになるものでも、少し目線を変え、視野を広げ、その起源から変遷を辿ってみると、思いがけない様々な姿を見せてくれます。

忙しい私たちにとって、毎日の食事をおいしく楽しめることは、人生における大きなよろこびと幸せだと感謝しています。食べることにもエネルギーが必要ですから、健康あってこそもたらされる食の喜びです。

ところが、日々の食事に心をかけ、丁寧に向き合う充分な時間がないことが常です。そこで、レトルト食品、冷凍食品、インスタント食品、中食に加え、サプリメントや栄養補助食品には助けられることも多いわけです。しかし、栄養とカロリーが計算の上でカンペキでも、食べる意味は完了していません。できるだけ食材を吟味して、自らが手をかけ料理したものを食べることが重要です。命を強くし、免疫力を上げ、抵抗力を養うこともできる上、人生で大切にすべきことを、教えてくれるように思います。食べることはイコール生きることです。

私たちは便利さに流されて、食材を吟味する機会を無くしがちですが、生きるために欠かせない食べ物と食材について、今一度よく知るべきでしょう。私は、食べ物のカロリーや栄養素についてよりむしろ、食べ物の背景にある物語に触れることに意味があると思っています。どこでどのように作られ、どのように食べてきたか、そこには時に思いがけない豊かな世界があります。

食べ物を愛おしく思い、食べ物に感謝し、よい食材を選び取り食べることは、人生を豊かにするために必要な力です。

私は、母や祖母が作ってくれたように、日々料理をキッチンで作ります。それは、自分の心身をつくる食べ物には、自分で責任を持ちたいからです。

自分自身にも、一緒に食べる人にも心を配りつつキッチンに立つと、背筋はスッと伸びます。いつもよりちょっと心をかけて作った料理は、いつもよりちょっとおいしい。いつもとちょっと違うお気に入りの器に盛り付けてみたくもなる。食卓が魅力的なら、食卓を囲む人々の笑顔も輝きます。先人が親しみ、知恵と工夫で心をかけて丁寧に食べてきたものを同じように作り食べる時、ちょっぴり幸せな気持ちが生まれます。

さらに、よい食材の料理は心の中にもスッと浸みこみ、心地よく和やかな感覚をもたらしてくれます。安全で良い食材のおいしさを知れば、食の選択力を養うことができ、調理センスも得られます。健やかな命が宿っている食べ物は、私たちの命に健やかな力を与えてくれます。ここで表現した良い食材とは、自分の目と本能で選ぶ、できるだけ健康的に育った食材、もしくは食品を指します。

このように食事を繰り返し作り食すことは、今となっては当たり前のことではなくなってしまいました。次代には、意識して伝えていかなくては消えてしまいそうで心配です。

しかし今後は、伝統そのままに、食材、料理、そして食文化を伝えることは難しいのではないかと思います。世界は激動し、自然破壊に伴う異常気象も心配です。豊かなはずの食材が、いつもの季節と場所で得られるのか分かりません。必要な食材が私たちの手に届かなくなるかもしれません。水の枯渇も懸念されます。食卓は、文化、社会、経済、国際問題とも複雑につながっているのです。世界の連鎖なしに現在の食は考えられません。

少なくとも私たち個人ができることは、なるべくよい食材を必要なだけ選び、食材はいつも無駄なく使い切り、食べ切ることです。そして日本人の食べてきた和食の料理と精神を受け継ぐことです。

他の生物の命である食物は、私たちの命と繋がっており、食べ物を大切にすることは、私たち自身を大切にすることだと思います。食卓の充実は健康な体と心の源、豊かな暮らしのエッセンスです。私は、娘や孫の日々の暮らしに、日本の美しさと美味しさを実像として伝えていきたいと思っています。年長者にはその責任もあります。

日本は明治期から西洋の食文化を受け入れました。これだけ短い間に、味、食材、料理法をアレンジし、自国の料理にしたのは日本だけかもしれません。

その上、今日では、何でも便利、簡単、スピードを極めています。手間のかかる、面倒で、遅いことは不要なこと、とされがちです。しかし、すべてが悪いことばかりではないはずです。そのいくつかには、生きる上で忘れてはいけないことが宿っていると思っています。それらに近づくために、伝統文化、和食に目を向け、多くの方々と共有したいと思い、大学非常勤講師として学生に、また様々なレッスン、講座、セミナー、イベントを通して一般の方々に活動を進めています。英語による食文化セミナー（外国人に向けて）も行っています。

私はかつて、関西圏の主要ホテルにチャンネルを持つ英語放送TV局のアナウンサーとして、主に日本文化を紹介する番組を担当していました。英語を通して、違った角度から日本を見て知る機会を得たことに感謝しています。日本生まれ、日本育ちの日本人でありながら、日本を知らず、しっかり見てこなかった自分に気付きました。同時に、日本に強く魅了されました。

その後、食空間コーディネーター資格認定講師、卓育インストラクターとなり、ライフスタイルデザイナーとして活動しています。奈良女子大学大学院にて生活環境修士、続けて現在、龍谷大学大学院後期課程にて博士を目指して食卓文化を研究する中でも、日本と和食を注視しています。

これらの思いから、Japan Cool Seminar と題した日本を探訪する文化セミナーを東京にて約20年に渡って開催しています。Japan is cool! カッコイイ、イケてる素敵な日本を探訪することをコンセプトにしたセミナーです。

前半の10年間は、開催する季節に合わせた歳時記と年中行事を毎回のテーマに取り上げ、探訪してきました。伝統行事の慣習いくつかは今伝えなければ忘れ去られてしまうかも知れないからです。そして何より現代にも通ずる知恵が詰まった魅力的な世界だからです。

また伝統、和食も同じく時代を超えて次代に伝承すべきものです。そこでこの10年間は、和食の伝統食材と料理を毎回一つずつテーマに取り上げ開催中です。現在30回を重ねたセミナーでは、伝統美味食探訪をサブタイトルとしています。セミナー会場は都内のレストランや料亭です。テーマに合わせた食材と料理を提案し、調理して頂いています。和の食材と伝統料理がテーマですが、フレンチ、チャイニーズ、イタリアン、エスニックのアレンジもお願いしています。その時だけのオリジナルメニューを味わえることも、このセミナーの醍醐味です。

振り返れば、Japan Cool Seminar 開催から約20年が経過しました。参加者の職種は多彩で、重責を負う方々も多く、タイトなスケジュールを極める中で、全国から貴重な時間を捻出して出席くださることに深く感謝しています。特に第1回目のセミナーからずっとご参加してくださっているレギュラーズの面々からは多くを学び刺激を頂き、私の人生の励みであります。

「他にはない」「人生の喜び」と言って楽しんで頂いているこのセミナーで、皆さんと和気あいあいの時間を共有しています。お互いにインスピレーションを得て、パブリックライフ、プライベートライフ両方でお役に立てていることが少しでもあれば光栄の極みです。もちろんこれから新しい仲間として加わって下さる方々はいつも大歓迎、心からウェルカムです！

本書では、Japan Cool Seminar 伝統美味食探訪で取り上げたテーマのうちの14の食材と料理について紹介しています。ライフスタイルデザイナー、食空間コーディネーター、卓育インストラクター、そして生活環境学者として食卓文化を研究する私の目線でとらえた食材と料理の世界からのJapan Coolです。

14通りの物語が運ぶ和食文化の魅力的な世界の一端にも触れて頂く機会となれば幸いです。

長尾典子

2020年6月28日

事始め　年越し神事の始まる日

12月8日は家族で食卓を囲み、新年の準備を始めるとき〈撮影:須佐一心〉

嘉祥の日　和菓子と新茶を楽しむ

行燈の灯りに、夏花、ガラスと磁器の透明感ある色が浮き上がる　〈撮影:吉田善和〉

嘉祥の日　和菓子と新茶を楽しむ

滝、せせらぎ、揺らぐ波紋を連想するクロスを重ね、白磁器とガラス器で涼しさを誘う
長尾典子オリジナル小重を花器に見立てて

リネンと器に水辺の涼しさを求めて

〈撮影:梶敬子〉

Christmas
Family Reunion

家族の笑顔を思いながら、イヴの黄昏時から食卓を準備して

華やかなコーディネートにも箸の心配りを忘れずに

ストロベリーたっぷり　ヨーグルトソースで

2層の華やかなドリンクで乾杯!

レモン風味のレアチーズケーキは冷やして

Halloween trick or treat

切り紙蜘蛛の巣と折り紙蝙蝠を配し、お菓子は小箱に忍ばせて、大人のためのハロウィーンナイト

新春
寿ぎとめでたさを重ねるとき

お節料理を組み合わせて盛り付けアソートで楽しむ

門松、注連縄でお迎したら、玄関は華やかな蘭をアレンジして

上巳　愛らしく春らしく

愛らしい花々に囲まれ心躍る春の食卓

春花爛漫　花見の宴

イチゴと帆立のカクテルサラダ

桜色のサワードリンクで乾杯、長尾典子オリジナル高杯には春キャベツのポタージュを

立夏の澄み渡る青空をクロス色に映して

鯛の甘酢あん　折敷には兜の折り紙

菓子の水無月に見立てた豆乳ゼリー出汁餡仕立て

七夕　星に願いを

天の川を模し素麺入り寒天黒蜜かけ

サラダにはコンソメジュレと素揚げ素麺をトッピング

庭の紫陽花で食卓を彩り、夏を味わう

七夕の俳句を配し、星に願いを

重陽　菊に長寿を願う

キャンドルスタンドを花器に、菊と巨峰のアレンジを望月に見立てて　皿にも望月が……

立秋　秋の気配を食卓に

古代型染め布をタペストリーに、秋草、
秋花をアレンジ

秋の食材と麹甘酒カクテルで夏の疲れを一掃する

立冬　秋の色をめでながら

おろし大根のスープ、漬けまぐろと
アボガドのカクテル

長尾典子オリジナル長手箱には手塩皿と盃を入れ、秋の味覚を彩よく盛り付けて
紅葉を映したウェルカムドリンクと共に

図A—1

①白バルサミコの生ハムとアボガド押し寿司には黒バルサミコ酢を一掛け

図A—2

②オイルサーディンとたっぷり野菜の南蛮漬け

図A—3

③堅めに茹でたカッペリーニをモズク酢と絡めてオクラで彩る

図A—4

④白ゴマペーストで作った胡麻豆腐　生クリームをかけデザートに

図A—5

⑤出汁茶漬けにはたっぷりスダチとわさび(ビーズ)を

図A—6

⑥煎茶とハイカラ神戸の上用菓子を組み合わせて

図A—7

⑦揚げ茄子とエビの含め煮は大根おろしで

図A—9

⑨切干大根のアミューズグール

図A—12

⑫絹ごし豆腐に粒あん、きな粉、パイナップル
を添えて超スピード和甘味に

図A—13

⑬豆乳で作るホワイトソースグラタン　大豆フレークの
食感も楽しむ

図A—17

⑰節分の粋な酒盃「鬼は外　福は内」

図A—8

⑧大根のポークロールフライ

図A—10

⑩無調整豆乳の豆腐ゼリー　薄味の出汁を張って上品に

図A—11

⑪明太子と生バジル風味の豆乳ソースイタリアン素麺

図A—20

⑳昆布の素揚げ、モズク揚げ、ワカメと桜海老はかき揚げに

図A—16

⑯秋刀魚のクルクルロールソテー

図A—19

⑲上巳の祝いは手毬寿司とエビのコンソメゼリーで愛らしく

図A—14

⑭蒟蒻尽くしの一汁一菜

図A—15

⑮黒尽くしのランチ　秋刀魚の黒ゴマ揚げ

図A—18

⑱琵琶湖鮒ずしとエビ豆は滋賀の日本酒と味わう

一章　出汁（昆布）

和食のうま味と香りを生むものⅠ

❖ 日本の風土と食文化

日本列島は温帯地域に位置し、一年を通して穏やかな気候であるといわれています。四方を海に囲まれ、暖流と寒流がぶつかるところにあり、多種多様な海の幸・山の幸に恵まれ、農業と漁業が発展してきました。海は森を、森は海を育み、すべては繋がり、自然の円滑な循環とバランスで成り立ってきました。日本はかつて、海と森の国と呼ばれていたのです。これまでの恵まれた風土のお陰で、良質で豊富な軟水と、四季折々の多彩な食材を活かす料理を作り育むこともできました。

このように過去形で表現したのは、現在の日本の環境は変わってしまったからです。気候変動は世界規模での深刻な問題となっています。絶妙なサステナビリティーは、壊れやすいものであり、自然環境を人間の力で修復することは難しいのです。私たちは今いるこの場所で心しなければいけないでしょう。私たちも地球の一部なのですから。

伝統の和食文化では、多種類の海藻を日常的に食べますが、海外では伝統的に海藻食文化があるのでしょうか。

例えば、欧米ではイギリス、南米ではチリに海藻食文化があります。中でもイギリスウェールズの laver bread は郷土食として有名です。海草に塩味を加えて煮たジャム状のもので、パンや料理に添えて食します。

一方、アジアの国々を見渡すと、中国や韓国でも昆布を食用にしますが、それは日本の昆布文化に影響を受けて始まったものだろうといわれています。

しかし、どの国でも沿岸部の限られた地域の食習慣のようです。その上、海藻（昆布）を出汁として使う文化は日本だけのようです。

これらの点からも、昆布をはじめとする日本の海藻食文化は、次世代に受けつぐべき独自性があるのです。

❖ うま味の源　日本の出汁

和食の基本は出汁といわれています。その出汁は良質の軟水、昆布、鰹節で引くことが一般的です。料亭などでは、出汁の味は店の命として、特に椀ものには何より気を配るのはご存知の通りです。品の良い深い味わいの出汁は料理のうま味の源であり、食材本来の味を活かす大切なものです。和食が水の料理といわれる所以がここにあります。

料理の味は五味とうま味であることは周知のことですが、西洋料理では長い間、うま味が理解されませんでした。このうま味を発見したのは日本人化学者でした。その人物とは池田菊苗（1864～1936年）です。京都生まれの彼は、幼いころから母親の作る料理に昆布がよく使われているのを見ており、湯豆腐に昆布を入れるとなぜあんなに美味しいのか不思議に思い、興味を持っていたそうです。さすが学者となる人は、目の付け所が違います。〝梅檀《せんだん》は双葉より芳し〟です。

のちに彼は、東京帝国大学理学博士として研究を続け、昆布の出汁のうま味は昆布に含まれるグルタミン酸ナトリウムであることを発見したのです。1907年のことです。グルタミン酸は当時、「具留多味酸」と漢字を当てています。おいしさが感じられる当て字ですね。その翌年にはグルタミン酸を主要成分とする調味料「味の素」が誕生することになるのです。池田菊苗は1985年「選日本の十大発明家」の一人に選ばれています。

私は子どものころ、「味の素」を舐めてみたことがあります。当時は、料理には必ずといってよいほど「味の素」を振り入れていました。おいしさの鍵とされていたのです。食卓に鎮座する「味の素」とは、どんな味なのかとても興味があったのです。その結果は期待外れのものでした。変な味…もう一度舐めたいとは思わない、というのが率直な感想だったのです。グルタミン酸は、単独ではなく、黒子として、塩味、甘味などに少し加えることで最高の力を発揮するという訳です。それだけに、うま味は海外で理解されるのに時間がかかったのでしょう。科学的な裏付けがなされたのは今世紀に入ってすぐのことです。米国の医科大学の研究グループが舌表面にうま味レセプターがあることを発見したのです。

今ではUMAMI（うま味）として、おいしさには欠かせないものであると世界中の誰もが認めるところとなり、非常に注目されています。中でも、日本の出汁材料の代表である昆布と鰹のコンビネーションは強力です。なぜなら、昆布のグルタミン酸と、鰹節のイノシン酸が合わさると、シナジー効果を発揮し、うま味が何十倍にもなるからです。出汁のうま味を軸にした和食の味が、洋の東西の枠を超え、世界の料理に大きな影響を与えています。出汁は日本が世界に誇る最も Cool な味となったのです。

❖ 世界の出汁　日本の出汁

ここで、世界の代表的な出汁を見てみましょう。ヨーロッパ地域は牧畜・小麦文化圏です。例えばフランスでは、鶏（ヴィライユ）、牛（ブフ）、羊（ダニョー）を主材料に、野菜（レギューム）も加え、出汁を取ってきました。出汁をブイヨン、またはフォンといいます。ブイヨンは煮込むときに使う出汁を指し、一方フォンはソースを作るときに使う出汁を指します。ですから、フォンはブイヨンより風味とコクが強いものとされています。よく耳にするフォン・ド・ヴォーとは、ヴォー＝仔牛、フォン＝出汁という意味です。

これらの出汁は、水に材料を入れコトコト時間をかけて煮出す白いスープ（フォン・ド・ブラン）と、材料を一度オーブンで焼き焦がしてから煮だす飴色の出汁（フォン・ド・ブルン）があり、料理の味付けや素材により使い分けます。日本では硬度の高い水を選んで使うとフランスらしい味わいの出汁が作れるようです。

また、上湯《シャンタン》に代表される中国のスープ（タン）では、鶏や豚に、干しシイタケ、干し貝柱、干し海老、干し鮑などに代表される乾物と、金華ハム、香味野菜、ウコン、ナツメ、桂皮などを組み合わせ、煮出します。多種の材料の風味が複雑に響きあう濃厚で多彩な味です。

このように、ヨーロッパ、中国、どちらの伝統的な出汁作りも煮込んで作る、とても時間と手間のかかる大変な仕事です。

一方、日本の出汁は他国の出汁と比べるとユニークなものです。ユニークという意味は、第一に、干物にした海産物だけを材料にしていること。第二に、とてもスピーディーに簡単に作れることです。つまり、日本の出汁は乾物だけで短時間で簡単に作れるのです。それなら、是非自分で出汁をひくべきです。出汁は手作りの日常食の要として、欠かすことはできません。

私も仕事中心の多忙な毎日ですが、食べるものはできる限り手作りすることを信条にしています。そのため手抜きと時短は大好き、大歓迎ですが、美味しい簡単手作り料理には、自分でひいた出汁が必須です。

出汁は多量を一度にひくと便利な上、美味しいです。そこで、私は、昆布を5㎝ほどに切っておき、ガラス瓶に入れて保存しています。昆布の表面に浮き出た白い粉はうま味のもとなので、洗い流さず使います。出汁は一度に１０００㎖ぐらいをひき、冷蔵庫に保存して、様々な料理に使います。小分けして冷凍しておいても良いですね。

出汁の風味が加われば、どの料理も深みのある、やさしくおいしい味になります！　出汁さえあれば、調味料はあれこれたくさんの種類も量も必要ありません。伝統製法の醤油、本みりん、塩、酢、純米酒で充分です。手間いらずで、なおかつ経済的です。出汁をひくための昆布は上質のものを選び、出汁をひいた後、決して捨てません。煮物に入れたり、みそ汁の具に加えたり、また佃煮風に煮ても常備菜として気の利いた一品になります。もっと簡単に！というなら、食べやすい大きさに切り、ポン酢をかけ、七味を振るだけでオツな箸休めになります。

どれも酒肴にも惣菜にもなり、子どもから大人まで満足できて、材料を使い切る無駄のない方法です。一度お試し下さい。

❖ なぜ日本の出汁はユニークなのか

なぜ、日本の出汁文化は独自性が強いのでしょうか。まず日本の環境と風土から、海産物が豊富にあり、すぐ食さないものは、保存用として干物にしたのです。乾燥昆布を煮たところ、とても味が良い出汁ができたのでしょう。その出汁のおいしさが今日まで受け継がれてきた訳ですが、もう一つ忘れたくない理由があります。それは、異民族の侵略征服がなかったことです。

文献に残る明治維新までの対外戦争は3回だけです。「白村江の戦い」（663年）、「文永・弘安の役」いわゆる「元寇」（1274年と1281年）、「文禄・慶長の役」（1592年と1596年）の3戦のです。そのうち、日本が脅かされたのは「元寇」の時みです。つまり、他国からの力による侵略がなく、食文化への浸蝕もなかったため、日本独自の出汁文化も守られることになったのです。たとえ交易や伝来で他文化圏の、例えば肉類でとった出汁の味に触れていたとしても、当時の人々はその味に馴染むことなく、広く定着しなかったと考えられます。

この出汁のおかげで、多種の食材の個性を活かし、繊細で季節感あふれる料理が作られてきました。和食の炊き合わせの原則は、食材ごとに別々に調理してから、一つの器に盛り付けます。

このひと手間は、混ぜ合わせず、個々に区別して美しく配置する divisionism ※という独自の美意識です。今では、和食はその味と美しさ、そしてヘルシーさで世界から注目の的です。外国からの賛美と自国の食を外から見る目線を得たお陰で、日本人は今になって、和食の素晴らしさに改めて気付き食文化を再考し、継承することに懸命に力を注ぎ始めているのです。

※クロード・レヴィ=ストロース（1908~2009年フランスの社会人類学者、民俗学者）は1977年から1988年まで5回来日し、日本に深い関心を抱き、日本文化においては、科学技術と野生の思考が共存しているとした。著書『野生の思考』のなかで、日本料理には divisionism（ディヴィジョニズム）があると述べている。自然の素材をなるべくそのまま並べ、素材が混ざらないように分けてあると指摘した。たとえば、重箱に詰めた数々の料理は、美しく整然と一つずつ詰められており、そのすべてが一つの芸術として成立していることもその特徴の一つであるという。

加えて、出汁をベースにした和食は低カロリーで栄養バランスに優れ、健康長寿食といわれています。しかし、残念なことに実状は戦後から欧米風の食が幅を利かせ、日常の食卓では出汁を使う料理が激減しています。また、自宅で出汁をひいて料理する人も減っています。伝統的な和食から、脂質と糖質の多い高カロリー料理へと短期間に著しく変化したことは、肥満や生活習慣病が急増した一因ともいわれています。最近では、野菜を食べよう、低糖ダイエット、脂質を減らそうなどのフレーズが目に入ります。それでも、食嗜好からの方向転換は容易ではありません。それは意思の弱さが原因なのでしょうか。どうやらそうではないようです。油・脂の味が脳内ホルモン分泌を促し、快感を呼び起こすことが科学的に証明されています。一度快感を感知するとやみつきになり、習慣化することが分かってきました。

一方、出汁のうま味は、本能的には理解できないとのことです。そこで、昆布、鰹、良質の水の融合で生まれる手作りの出汁のうま味に幼児期から親しませ、習慣的に刷り込むことはとても大切です。例えば、キッチンで出汁をひくときの香りを習慣的に体験させ、うま味を伝え、記憶させることも一案です。

健康維持にはもちろん、食文化伝承の側面からも、出汁を使う伝統の和食と惣菜を日々の食卓にとり入れ、子どもたちには幼いころから出汁のうま味に親しませ、出汁味を一緒に楽しむことはとても大切な事なのです。ママたちは是非、手作りの出汁を日常的に使って、煮物や味噌汁を食卓にのせてあげて下さい。

❖ 昆布を知ろう

では、昆布について探訪していきましょう。

歴史を遡ると、昆布は縄文時代の遺跡からも見つかっており、日本人との長いお付き合いのある食材です。

奈良時代には、軍布、海布（上記二つの熟語は共に「め」と読みます）、広布《ひろめ》、夷布《えびすめ》の漢字が使われていたと記録があります。

一方、こんぶの発音は、アイヌ語の kompu, kumpu からという説があります。事実、715年の『続日本紀《しょくにほんぎ》』には、蝦夷の族長が「先祖以来コンブを貢献す」とあり、蝦夷の昆布が朝廷に献上品として送られていたことが分かりました。夷布の漢字からも、蝦夷の海藻という意味が示され、この文献に記された貢献の事実が裏付けられます。その上、「えびすめ」の名はえびす様に通ずるめでたいものとも考えられ、献上には最適と考えられていたのでしょう。「えびす」は、七福神のえびす様の意味の他に、海からたどり着いた漂着物、異邦者の意味もあります。（図1-1）

鎌倉時代中期からは、本土と蝦夷地との交易が盛んになり、昆

図1—1

落部村　一陽斎写
旧･北海道茅部郡落部村から、昆布、ニシン、鹿、熊などを江戸に献上した。
味の素食の文化センター所蔵

布は蝦夷から日本海を航海して運ばれました。日本海ルートが選ばれたのは、太平洋は海が荒れやすく、海難事故が多発する可能性が高かったためです。当時は、富山、敦賀、小浜の港々で荷を下ろし、陸路で京都に運ばれました。今も、昆布〆、かまぼこ昆布巻きは富山を代表する郷土の味、福井ではおぼろ昆布、とろろ昆布が特産です。福井や富山の昆布消費量が多いのは、古くこのルートで運ばれ、伝統的に昆布を食してきたことに理由があるのです。

遠く北海道から運ばれる荷を敦賀で降ろし問屋に運ぶ頃には、雪の季節になり、都に運ぶことができず、昆布は問屋の蔵で冬を越すことになりました。ところが冬を越した昆布は、磯臭さが消え、うま味が増したのです。これは偶然の産物でした。そこで蔵で昆布をねかせる「蔵囲い」の習慣が生まれたといわれています。

ちなみに、出汁という言葉が初めて登場したのは、室町時代の料理書といわれています。

❖ 北から南へ運ばれる昆布

江戸時代初期には、昆布運搬船は、日本海から下関を経由し、瀬戸内海に入り大阪へ運ぶルートと、下関から鹿児島に南下し琉球へ運ぶルートの二つがありました。

長い海路の末、琉球にたどり着くまでに碇泊する港では上質の昆布から順に次々と荷下ろしされ消費されていきました。残った食用昆布のほとんども琉球で取引されてしまいました。今でも沖縄料理に昆布が良く使われるのは、この歴史ルートによるものです。（図1−2）

最後に残った質の低い昆布は、琉球から中国へ輸出されていったのです。

当時の中国内陸部ではヨード不足による風土病があったのです。病気の改善対策として、昆布に含まれるヨード、カルシウム、カリウムといった豊富なミネラル分に注目したようです。昆布の品質ランクは問わず、ミネラル補給のための薬として取り引きされていたのです。

図1—2

昆布ロード　日本海から下関を経由し、大阪へ運ぶルートと琉球へ運ぶルートの二つがあった。　出典:(株)くらこん

中国の港で昆布の荷を下ろして空っぽになった船には、漢方材料を山と積み入れ、再び日本を目指しました。その漢方薬は富山の薬業者に高く売られていたのです。これが、富山の薬売りにつながります。

グローバルビジネスは現代に生まれた新しい事業展開ではなく、古くから地域と国々はつながり、広範囲にモノとコトは行き来していたのです。

現在、中国ではどのような昆布料理があるのだろうかと思い、知人の蘇州出身の中国人に聞いてみました。彼女の話では、国土が広い中国は、日本以上に食の地域差が大きいことを前提にしながら、昆布を食材とするのはそんなに古いことではなく、昔は家畜のエサだったのではないだろうか、と言うのです。手軽に作ることができる「紫菜蛋花湯」（ズーツァイタンファオタン）という海藻の卵とじスープはよく食べますよ、と教えてくれました。海帯《ハイタイ》、もしくは裙菜帯《クンタイサイ》、紫菜《ズーツアイ》が海苔、ワカメ、昆布にあたる言葉かなぁ、とも言っていました。正確には、紫菜とは海苔を指すようですが、一般的には広く海藻を指す言葉として理解されているようです。

どうやら、海苔、ワカメ、昆布などを明確に区別して、古くから日常的に様々な料理に使い食すのは、日本の特徴といえそうです。

❖ 地域性豊かな昆布文化

江戸中期になると、京、大坂に上質の昆布が大量に運ばれ、昆布問屋も登場します。そこで、関西では、昆布を主軸にした出汁文化が確立しました。

料理の特徴を形づくる重要なものとして、京では淡いミネラル感のある利尻昆布が、大坂ではまったりとした味の強い真昆布が好まれました。大正期から昭和初期には「京料理」「大阪料理」の区分けが生まれ、今でもそれぞれの味を磨いています。

一方、江戸では、昆布は羅臼が好まれます。しかし江戸の出汁文化は、昆布より鰹節が主体になります。それは水質が上方に比べ硬質であるため、昆布のうま味が出にくいためです。その上、銚子で濃口醤油が生まれ、その濃い醤油の味と鰹節の風味との相性が良かったことも理由です。

　このように、北海道各地で獲れた昆布は港々から街々へ運ばれ、日本各地の風土に抱かれながら個性豊かな昆布文化を育くむことになったのです。

❖ めでたさを表す昆布

　昆布は「えびすめ」の名前からも、「よろこんぶ」の語呂合わせからも、めでたさと喜びに通じ、慶事に使われてきました。

　鎌倉、室町時代の武家では、正式な酒宴の礼法である「式三献」※の酒肴の膳には欠かせないものでした。三方には熨斗鮑、勝栗、そして昆布をのせますが、これら3品には「撃ち」「勝ち」「喜ぶ」のめでたさを象徴する意味があります。撃ち熨した鮑（干し鮑を薄く剥いで伸ばしたもの）で敵を「撃ち」、栗を搗《か》って（鬼皮・渋皮を除くこと）敵に「勝ち」、打ち勝ったことを「よろこんぶ」「喜ぶ」ことを表象したのです。

　また、昆布は結納にも欠かせません。嫁に行く女性には、目録に昆布を「子生婦」と書き、婿養子には「子生夫」と書きます。子孫繁栄を願った文字を当てたのです。

　今では伝統に則った格式を重んじる結納は煩雑で時代に合わないと思われがちです。しかし、慣習には、幸せと繁栄を祈る先人たちの願いが込められているのです。

※式三献は、本膳料理形式の食事が供される前に儀礼として行われる盃事。献饌ごとに酒をすすめ、一つの盃を複数人で飲みまわすことを三度繰り返す作法。

　また、昆布には食す以外に興味深い用途がありました。安土桃山時代には、昆布は大いに活躍しています。城の巨大な石垣を見るたびに、どれだけ多くの人力で運んだのだろうと想像しますが、城の石垣の運搬方法の一つには、昆布が使われていたのです。水で柔らかくした昆布を道に敷き、その上に石をのせ、滑らせながら動かしたというのです。大坂城の百トンを超える石垣もこの方法で運ばれたことが記録から分かっています。なるほど昆布のヌルヌルのぬめりのお陰で効果的に巨石を動かす力を発揮できたわけですね。

　相撲とも深い関係もあります。相撲は神事であり、国技と言われてもおり、まさに土俵は神聖な場所です。土俵を築く時には場を清め安全を祈願するために、土俵中央に勝栗、米、寿留女、塩、榧の実、そして昆布の六品を埋めるのです。

このように、昆布は食用以外でもすごい力を発揮してきたのです。

昆布のネバネバは、アルギン酸とフコイダンという成分です。アルギン酸は、加工食品のトロミに使われることも多く、血圧を下げ、消化を促進させる働きがあります。フコイダンは、血栓の予防作用か認められており、コレステロール低下も期待できるそうです。その上、超低カロリー、カリウム、ヨウ素、ビタミンK、食物繊維も豊富で、食後の血糖値の急激な上昇も抑制するといわれています。

欧米でもこれらの効果に注目が集まり、sea vegetableと呼ばれ、ヘルシーフードに数えられ、食べられ始めています。伝統的に昆布を使う日本では、もっと積極的に昆布を使って出汁をひき、昆布料理を味わいたいものです。

❖ 昆布の収穫

「カイソウ」には二つの漢字があります。一つは海草です。海草は、海中で花を咲かせ種から繁殖する種子植物です。もう一つは海藻です。海藻は胞子によって繁殖します。昆布、ワカメ、ヒジキなどは海藻です。

昆布には「遊走子《ゆうそうし》」と呼ばれるとても小さな胞子があり、胞子には2本の鞭毛があり、それで海中を泳ぎ回り、やがて岩などにくっつくのです。くっついた遊走子が発芽して成長する頃には雌雄の性差ができています。やがて秋には雄株から精子が出て雌株の卵子に受精すると、春には昆布になります。二年経過のものが収穫の対象になることが多いようです。

収穫時期は7月から9月の夏季で、収穫の日は晴天の日の早朝が選ばれ行われます。

天然昆布の伝統的な収穫法にはマッカと呼ばれる特殊な道具が使われます。二股に分かれた先端に、数メートルもある長い柄のついた、まるでフォークの親玉のような大きな道具です。船上から覗き箱を使い、海底の岩についた昆布を探します。1本ずつ昆布を道具に引っ掛けグルグルとしっかりと巻き付け、手の力で引き上げるというかなりの重労働です。この作業は、まるでフォークにパスタを巻き付けるようなイメージです。収穫した昆布は、すぐに浜で日に干し、夕方には取り込み、平らに伸ばします。良好な天候とスピーディーな作業が求められるのです。(図1-3)

❖ 昆布の種類

現在では、輸入昆布は主に中国産ですが、国内産業保護のため輸入量は制限されており、全体の1割ほどとのことです。

図1—3

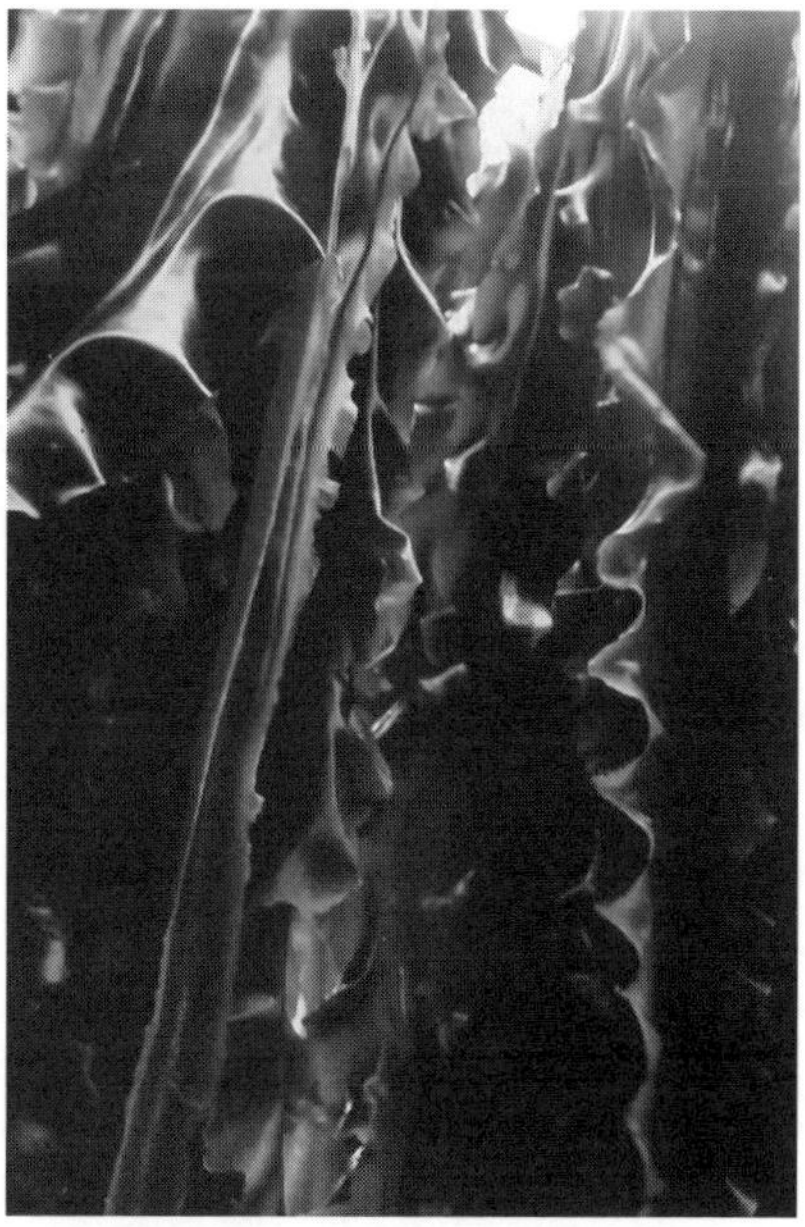

昆布の天日干し　収穫した昆布は、すぐに浜で日に干し、夕方には取り込み、平らに伸ばします。

国産昆布の生産量は、北海道が9割以上、続いて青森、岩手、宮城です。そのうち、養殖は4割ほどを占めています。

養殖は、沖に〝昆布の畑〟をつくり、ロープに種苗を着生させ育てるのです。収穫はクレーンのような大型の機械で引き上げます。

昆布の漁獲量は年々減少する中で、２０１9年には過去最低となったとのことです。この状況はとても心配です。

もちろん天然ものが最も高価で上質とされていますが、家庭用の昆布は、用途と予算に合わせて天然もの、もしくは養殖ものを選ぶのが適切だと思います。

昆布と言ってもその種類は多く、味わいも違います。代表的なものの特徴を知り、用途別に昆布を使い分け、毎日の食卓に活躍させたいものです。

真昆布　：濃厚な味で澄んだ汁が特徴です。肉厚で出汁の他にとろろ昆布に適します。大阪で好んで使われます。

利尻昆布：上品で濃い味と香り高い澄んだ汁が特徴です。京料理に使われます。

羅臼昆布：濃厚な出汁が取れますが、濁りがあります。江戸料理、東京でよく使われます。

日高昆布：柔らかく煮えやすいので、煮物、昆布巻きに適しています。多目的に使える万能昆布です。

長昆布　：20mにもなる細長い昆布です。加工用やおでん昆布の材料にされます。

細目昆布：幅の細い形で、ねばりが強いため、とろろ昆布、納豆昆布の材料に使われます。

（図1－4）

出汁に使う昆布も、種類、天然、養殖により、風味が違うのは当然ですが、同種の昆布でも収穫地により、味が違うそうです。一流料理人といわれる人々は、海水中のミネラル、水温などの生育環境の違いによる昆布の品質とうま味を念入りに吟味していると聞きます。

天然の上質な昆布が良いとは知っていても、なかなか理想のものを手にすることは難しい時代です。一般家庭では、これからますます困難になるでしょう。

それでも、できる範囲で目をきかせ手と心をかけ、日々繰り返し出汁をひき、繰り返し出汁を味わうことは、和食文化継承の行為です。なにより、自分で引いた出汁と季節の食材を組み合わせた料理は月並みでありふれたものでも、何よりとてもおいしいのです。その上、日本の暮らしの基本、暮らしの原動力になるものです。

（出汁をひく、出汁を取るについては、『出汁（鰹）』45頁参照）

図1—4

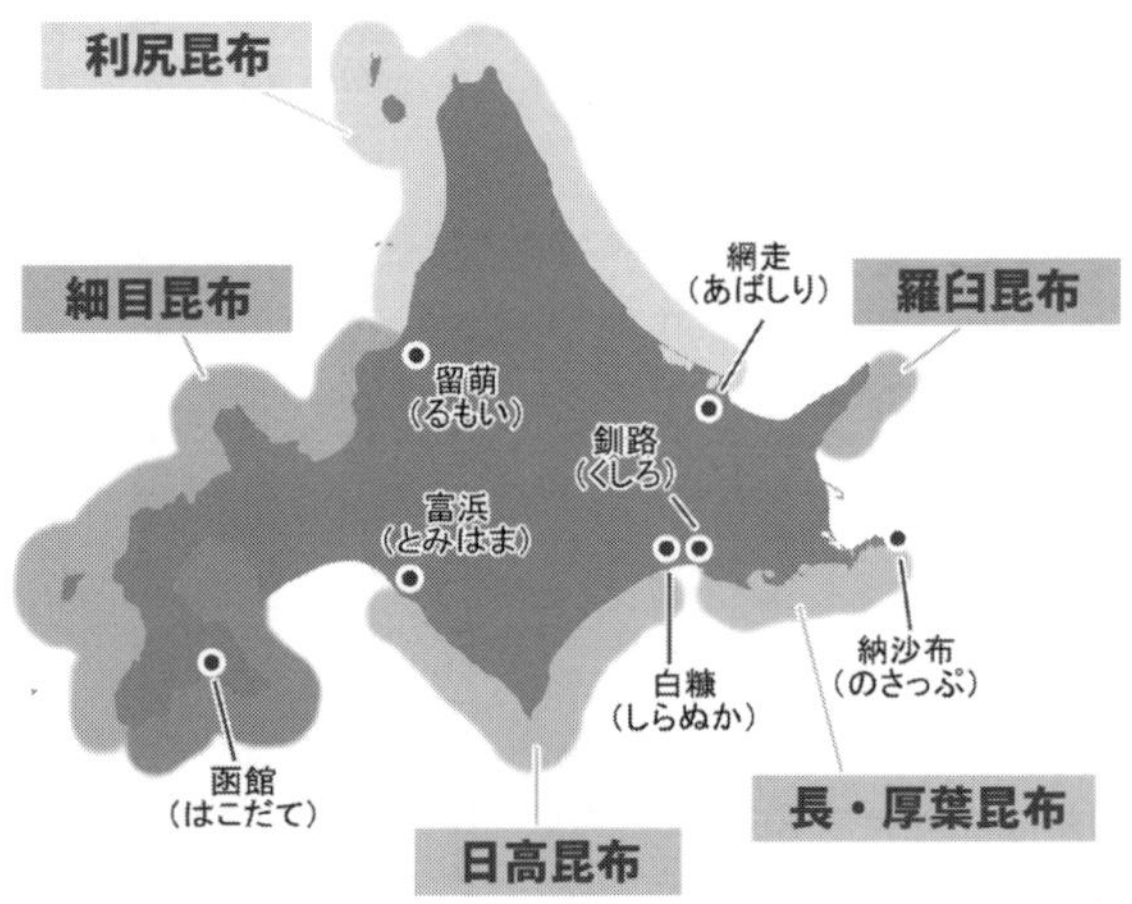

昆布の産地　北海道昆布代表的な産地と種類
出典:(株)くらこん

食の嗜好と文化は、作る人と食べる人の相互作用で育まれていくといわれています。作る人だけではなく、食べる人が味と質を吟味し美味しさを判断し、受容するセンサーを磨くことも求められます。食べる人としても、作る人としても、いつも丁寧に食に向き合っていくことは、和食の味と心を伝えるだけでなく、次代を担う子どもや孫に暮らし方と生き方を示すとても大切なことなのです。

二章

出汁（鰹）

和食のうま味と香りを生むものⅡ

もう一つの代表的出汁材料である鰹節と鰹について探訪していきましょう。

かつおの漢字は魚偏に堅と書きますが、なぜ堅い魚なのでしょうか。堅いとは、生の鰹ではなく加工した鰹を指していることは明らかです。つまり、古く日本では、生食ではなく加工した鰹を食してきたことの証です。そのため堅魚と書き、カタウオと読んでいたのです。このカタウオがカツオの語源ともいわれています。また、鰹の学名はKatsuwonus pelamis（カツオヌスペラミス）と言うことからも、日本人との付き合いの長さを知ることができます。

❖ 海洋を回遊する鰹

鰹は、スズキ目サバ科マグロ族カツオ属です。サバ科なので少々クセがあり、鮮度が落ちやすく足が早い魚です。そこで古くは保存のために加工していたのでしょう。

冷凍冷蔵技術が発展した今でも、刺身よりタタキに人気があるのは、皮目を炙ることで香ばしさと旨味を引き出し、薬味をふんだんに使うことでクセをおさえる優れた工夫からだと思います。タタキの名前は、鰹の切り身にタレと薬味をのせ、包丁の腹で叩くからとも言われていますが、諸説あります。それらのうち、有名なタタキの起源の物語を一つ紹介しましょう。

場所は今も鰹料理で有名な高知、時は江戸時代です。土佐藩の初代藩主である山内一豊は、生の鰹を食した人々のあいだで食中毒が多発したことから、生食を禁止しました。しかしとれたての生鰹は何よりうまいため、人々は苦肉の策で、五枚におろした皮付き鰹の表面を藁焼きで炙り、生食ではなく焼魚だと言い訳をし、薬味を加えて食したというものです。

今でも土佐のタタキは別格で、特に塩で食すのが通といわれています。

鰹は体長1mほど、体重18～20kgにもなる紡錘形の魚です。泳いでいる時に興奮すると腹部に横縞（背から腹へ向かう筋）が現

図1—5

東都本郷月之光景　歌川広重　太い縞柄を鰹縞と呼び、オシャレ上級者の粋の象徴とされた。
出典:国立国会図書館

れるそうですが、水揚げされた鰹にははっきりとの腹部分には縞柄（頭部から尾に向かう筋）が現れます。銀色に輝く体と鮮やかな濃いブルーの太いストライプのコントラストは美しいものです。それが証拠に江戸時代には、最も粋な柄として流行ったさまざまな縞柄のモチーフの一つになっています。その名は鰹縞です。鰹縞は太めの濃淡もしくは色違いの大胆なストライプのため、着こなしが難しく、洒落人好みのcoolな縞柄でした。（図1－5）

ところで、鰹にウロコはあるでしょうか。ウロコは、体全体にはなく、目の後ろから胸鰭そして側線周辺のみ、つまり体の中央部分にだけあります。

鰹の一生は平均8年ほどで、モルディブ諸島周辺で生まれ、その海域で2～3年間を過ごします。モルディブは、インド半島の南西沖に位置し、サンゴ礁の美しい諸島群です。人気のダイビングスポットでもあります。環礁内は波が穏やかで、豊富なエサがあり、稚魚には最適な場所です。成長すると、群泳して北上し、一部の群れは黒潮にのり、日本沿岸にやって来るのです。大海を回遊する時には胸鰭と腹鰭を体に収め、平均時速40㎞、最高80㎞以上もの速さで泳ぐそうです。すごい馬力、いや魚力です。その魚力の源は血合いにあります。血合いにはミオグロビンという酸素分子を蓄える色素たんぱく質があり、全身の筋肉にエネルギーを送り、大海を回遊することができるエネルギータンクです。新鮮な鰹が手に入った時には、血合いこそしっかり食べたほうが良いわけです。

太平洋を北上し、日本列島に近づく五月頃が初鰹の時期にあたります。鰹は黒潮にのり、そのまま北上を続け、三陸沖あたりで親潮とぶつかるとさらに北上、秋には暖流を求めて再び南下します。秋には海水温度が下がるため、体に脂を蓄え、こってりした味わいになっています。これが戻り鰹です。

近年は冷凍、冷蔵技術のおかげで年中食せますが、やはり初夏と秋には季節を映し食卓を彩るものです。さて、皆さんは初鰹と戻り鰹どちらの鰹の味がお好みでしょうか。

❖ 日本人との長いお付き合い

では、日本人と鰹のかかわりを歴史を追って見ていきましょう。

縄文時代の貝塚から鰹の骨が出土しており、この時代には既に食されていたことが分かっています。古代人は、鰹の茹で汁をさらに煮詰めた堅魚《かたうお》の煎汁《いろり》と呼ばれるものを調味料としていました。濃縮鰹エキスです。つまり当時の人びとは、鰹に含まれるイノシン酸のうま味を既に知っており、さらにうま味を凝縮する方法を編み出し、味わっていたということです。

奈良、平安時代には、干した加工品である「堅魚」、また煮てから干した「煮堅魚」が朝廷に税として貢納されています。供物、神饌の一つでもありました。この頃には堅魚煎汁は高級官吏にのみ支給される貴重な調味料となっていました。堅魚煎汁は、限られた一部の人だけが味わえる〝魔法の一滴〟だったのです。

鎌倉、室町の武士の時代になると、加工された鰹は保存が効き、運搬にも便利という利点に加え、「勝男武士」と書くことができる縁起物として尊ばれました。

❖ 江戸の花形の味

江戸時代には、ご存知のように鰹は粋な季節食材の花形になります。鰹は足が早いからこそ、とれとれを生で食べることが粋だとされたのです。

遠州、伊豆、房総などから押送船《おしょくりふね》※で夜のうちに日本橋の魚河岸に届けられた鰹は、まず幕府に上納された後に、いち早く両天秤の木桶に入れられ、健脚自慢の棒手振りが「かっつ〜お〜!」と威勢よく市中を走ったのです。浮世絵にもその姿は数々描かれています。中でも、歌川広重の『日本橋江戸ばし』は粋な構図で私の好きな一枚です。

当時、日本橋は諸国と江戸を結ぶ五街道の起点であり、魚屋、大店が立ち並び、人びとが集まるキャピタルセンターでした。この浮世絵は、日が昇る早朝に日本橋の上から描かれています。橋の欄干越しに江戸橋を臨むと、問屋倉庫の白壁を背景にした、河岸に新鮮な魚を積んだ船が続々と集まって来る活気あふれる時間だと分かります。手前には、初鰹の入った天秤棒の木桶がほんの少しだけ描かれています。一刻を争って新鮮な鰹を売ろうと、迅速に走り去る棒手振りのスピード感と心意気まで伝わってくる一枚です。(図1―6)

図1—6

日本橋江戸ばし　歌川広重　日本橋を走り抜ける鰹売りは鰹の活きの良さを連想させる。川沿いの蔵の白壁が印象的だ。　出典:国立国会図書館

※江戸時代の和船の一種。生魚を消費都市に急送するために使われた小型快速の運搬船。船首高く、鋭くとがった凌波性のよい船型をもち、長さ約12m、幅2.5m、櫓7丁、帆6反の小型船。葛飾北斎『富士三十六景　神奈川沖浪裏』にある大波に翻弄される船がこれである。

鰹は「目には青葉、山時鳥、初松魚《かつお》」（山口素堂）のとおり、旧暦4月の鰹は季節を象徴するものとして、初夏の美と並列され詠まれています。

当時、初物を食べると75日長生きできるとされ、初物というだけでその価値は高かったのですが、初鰹は超特別で、75日の10倍の750日も長生きできるといわれていた折り紙付きの縁起物です！それだけに、はしりの新鮮な鰹の値段はどんどん吊り上がり、天明期（1781〜1789年）にはピークに達していたようです。とても庶民には手の届かないものでした。

1尾1両、2両は当たり前。紀伊国屋文左衛門が1尾50両（約428万円）で買った話は有名です。

1812年には、日本橋に入荷した鰹17本のうち、幕府には6本が献上され、3本は2両1分（約18万円）で「八百善」へ、残りの8本のうち1本は中村歌右衛門が3両（約26万円）で買ったと蜀山人※が書いています。高いものを一層高値で買い落すことは有名人だけができる粋だったのですね。

※大田南畝（1749〜1823年）のこと。江戸時代中期から後期の狂歌人、戯作者、学者である。

一方、庶民にとっての鰹は高嶺の花、憧れのものでした。「目と耳はただだが口は銭がいり」というリアリスティックな川柳や、「女房質に入れてでも初鰹」と言った、今ならジェンダー問題になるような川柳もありました。しかし、どれもこれも当時の江戸っ子の洒脱な笑いのセンスを垣間見る川柳です。ここには庶民の粋があります。

初鰹への熱狂は冷めることなく過熱していく一方だったため、幕府は1742年に鰹は旧暦の4月1日以降でなければ売り出しを認めなくなりました。しかし1851年秋の鰹大漁から値段が下がり始めたことから、熱狂も冷めはじめ、庶民も口にすることができるようになったのです。

当時は、タタキより刺身を食しました。「初かつお辛子がなくて涙かな」「初かつお辛子があって涙かな」の川柳を見れば、辛子は鰹には必須の薬味だったとわかります。辛子や七味で臭みを抑えていたのです。大根おろしも好んで使われたようですが、当時の辛み

図1—7

十二月之内　卯月 初時鳥　歌川豊国（三世）　中央の女性が鰹を捌き、右側の女性は大きな菰樽から片口に酒の注ぐ。大皿、杯洗、小皿は染付、チロリは銅製、左奥にはおひつだろうか。外には初時鳥が飛ぶ。　江戸の暮らしを彷彿させる一枚。
味の素食の文化センター所蔵

が強い大根は鰹との相性が特に良かったようです。また酢をつけて食べることが一般的でした。これらの薬味と酢は、味を良くするだけでなく、足の早い鰹の毒消し効果も求めてのことでした。（図1-7）

❖ 加工される鰹

生食は花形ですが、その一方で生節と言われる茹でた鰹や、茹でたものを燻す燻乾も行われました。これは紀州印南藩で考案されたことから熊野節と呼ばれ、藩の産業となったようです。茹でてから燻すことで水分はかなり減り、長く保存が可能となったのです。

江戸時代後期には、この燻乾した鰹にカビをつけて干し、熟成する方法が土佐で生まれます。現在の鰹節に近いものです。カビの菌糸は鰹の中に縦横無尽に根を張り風味を豊かに膨らませてくれるのです。風味と旨味を増すとともに、さらに水分量を減らすことができ、長期保存と長距離輸送が可能となり、土佐節と呼ばれました。後にこの製法は日本中に広がり、薩摩節、伊豆節と並ぶ三大名産地が生まれます。

茹でて燻した後、カビ付けと天日干しを何度も繰り返すと味わいはより深くなります。4回以上カビ付けを行うと石のように固くなり、その水分量は13～15％です。これが最高級鰹節である本枯れ節です。

鰹節でも真鰹を使ったものを本節といいますが、スマガツオ、ハガツオ、ヒラソウダを使ったものもあります。ソウダガツオで作られると、関東では宗田節、関西では目近節と呼び区別する場合もあります。（写真1－8）

図1―8

大日本物産会、同かつお節を製す図　安藤徳兵衛（三代目広重）
二枚におろした鰹を更に二つに切り、4片にしたものを籠に並べ、湯で蒸して30日ほど干し樽に詰める。
味の素食の文化センター所蔵

このように鰹節は日本が誇る伝統食材ですが、インド洋のモルディブ共和国でも鰹は伝統的によく食べられてきました。鰹が生まれ育つ海域に位置するモルディブでは、日常的に捕獲できる魚である鰹を最もよく食べるのです。

モルディブの鰹食文化の歴史は古く、保存用にボイルしたものは「カッカーマス」とよび、まるで日本の生節のようです。それを乾燥させたものは「クローマス」、充分に乾燥させたものは「ヒキマス」です。燻製したものは鰹節に似ています。鰹のソース、つまり鰹の煮汁を煮詰めた濃厚なペーストもあります。それは、「リハークル」と呼ばれており、最強のうま味調味料です。これは、日本で古代に調味料としていた煎汁《いろり》と似ていますね。実は、モルディブは世界で最も魚を食べる国なのです。

ダイビングや観光で訪れた方はモルディブの代表料理の一つである鰹カレーを召しあがったのではないでしょうか。また、地元の人気料理は、「ガルディア」と呼ばれる鰹の澄まし汁です。何となく日本料理と似かよった食文化を感じますが、日本のようにカビを付け、味とうま味を凝縮した鰹節はありません。発酵食品は日本の風土が育んできた優れた食品なのです。私たちは、鰹節を継承していかなくてはいけませんね。

❖ おいしい記憶

私は、最近ではパックに小分けされた手軽で便利な鰹節と、袋入りの出汁用の削り節を使っていますが、幼い頃はいつも、父が、鰹節を食べる都度に食卓で削っていました。

時には、贈答として美しい箱に鎮座する高級本枯節が送られてきました。箱を開けたばかりのものは香りが強く、私はおいしそうなその匂いをかいで、拍子木のように2本をカチカチ打ち付けて遊んでいると、母に怒られたことを思い出します。美食家だった父は、時々本枯れ節を出してきて食卓に削り器を置き、儀式のように1挽、2挽と鰹節を削りました。その心地良い音と共に豊潤な香りが部屋に立ち込め、体を乗り出し早くその引き出しを開けてくれないかとワクワクしました。父が鰹節を削るときは、母が炊き立てご飯を用意してくれていました。茶碗から上がるご飯の湯気の上からひとつまみ鰹節を振りかけると、生き物のように踊ります。そこに醤油を数滴垂らすだけで超高級の御馳走です。このシーンは私のおいしい記憶の一つとして、時空を超えて今も鮮明によみがえるのです。（図1―9）

図1―9

鰹節削り機

私が小学校2、3年生になった頃、新しいモノ好きの父が、電動鰹節削り機を購入しました。

父はおもむろにその機械を食卓にのせ、コンセントに挿し、鰹節を削ります。手挽きより格段に速くたくさんの鰹節がどんどんできていくのです。その様子は、電動鉛筆削り機に鉛筆を入れたとたんにたくさんの削りカスができるのと似ています。一枚一枚が細かく、かなり薄く、粉砕される部分もありました。その風味は、残念ながら手挽きにはかないませんでした。この時、利便性は必ずしもおいしさと正比例ではないのだと、子ども心に知ったのです。

鰹節のおいしさは、科学的には鰹節のイノシン酸と醤油のグルタミン酸の相乗効果によるうま味であると説明できますが、おいしさとは、食べ物の味だけではありません。香りや音や感触もおいしさのエレメンツです。そして、どこでどのように誰と食べたかの事柄すべてがおいしさにつながるのです。

おいしい記憶をたくさん持つことは、喜びを重ねることであり、人生を豊かなものにできるのです。

食空間を演出することはそのお手伝いであると信じて、仕事を続けています。

❖ おいしい出汁味に宿るもの

昆布も鰹も日本人との長いお付き合いの中でたくさんの物語を持っていることがわかりました。

昆布と鰹節の出汁は日本の良質の軟水を使ってこそ美味しく、世界中の出汁の中で最も簡単に短時間できるものです。そして超低カロリーです！　乾燥保存食品であることも便利な点です。

近年の世界的な和食ブームも手伝い、海外にも老舗日本料理店が進出しています。伝承の味を大切にする老舗では、日本で使うものと同じ昆布と鰹節を持って行き、出汁をひいても日本と同じ出汁はできないと聞きます。つまり昆布、鰹、水の三位一体があってこその出汁の味なのです。食べ物は風土と切り離せないものだと改めて知らされます。

つまり、郷土で食べ継がれてきたものは理にかなっているわけです。星付きの高級レストランで美食を重ねていても、故郷に帰りおふくろやおばあちゃんの味を口にした時のおいしさは格別で、忘れることができないのではないでしょうか。風土と結びつき受け継がれてきた味を次世代に受け継ぐことは私たちの大切なしごとなのです。

しかし、受け継ぐと言っても、「味」を正確に再現し続けることはできません。「味」は常にその時の刹那のものなのです。それでは、どうすればいいのでしょう。私は、幼いころから何度も味を体験し、舌に、体に、心に、浸み込ませることかなぁ、と考えています。刹那の味も繰り返すことで記憶されやすくなります。記憶の中の味とは、味そのものより、むしろその時のシーンから導かれるものと思うのです。例えば、その時の季節、温度、湿度、光の強さや、テーブルの上の器の色や形、料理の盛り付け、食卓での会話、そして匂いなどなどです。ですから、食環境を整えること、つまりテーブルコーディネートはおいしさを知り、味を伝え受け継ぐために大切なことなのです。テーブルコーディネートとは、特別に豪華なきらびやかなものである必要はなく、幸せな心地よい感覚を満たす心くばりであると言い換えても良いと考えています。これがおいしさであり、次代に受け継ぐべき「味」ではないかと信じています。

❖ 出汁をひく、出汁をとる

最後に一般的なだしの「ひき方」と「とり方」を書き出しておきます。

まず、出汁をとる、出汁をひく、は同じ意味ですが、京料理の料理人によると、ニュアンスは違うとのことです。

すべてを抽出する場合は「出汁をとる」と言い、必要な分だけ抽出する場合、雑味が出る前に引き上げる場合は「出汁をひく」と言うそうです。

右の定義に従えば、一番だしは、「ひく」と表現できます。水に昆布を入れ少し置いたら、沸騰直前で昆布を取り出し、一掴みの鰹節を入れ、沸騰したらすぐ火を止めてアクを取りザルで漉すだけです。絞ってはダメです。

二番だしは、「とる」と表現してもよいのではないでしょうか。水に一番出汁に使ったこの昆布と鰹節を入れ、ひと煮立ちしたら弱火にして新しい鰹節を少しだけ加えます。これが追い鰹です。沸騰すればすぐ火を切り、アクを取ったらザルで漉します。

一番出汁は上品な味と豊潤な香りなのでお澄ましやおもてなし料理に、二番出汁はコクのあるしっかりした味なので味噌汁や煮ものに適しています。

血合い抜きの本枯節などは出汁を取った後、捨ててはもったいないので、酒を加えカラ煎りします。茹でた野菜に和え、味をととのえるとスピード料理が出来上がります。また、もみ海苔、ゴマ、塩、七味などを加え、ふりかけにもしています。私は、もう一品ほしい時に重宝しています。

家庭によって、地域によって、特色ある出汁材料を大切にしながら、自分で出汁を「ひき」、「とり」ましょう。短時間でできますから、忙しい方もその手間を厭わずできると思います。自分でつくった出汁を使った料理は断然に美味しいです。自然の恵みの食材料が奏でるうま味のハーモニーは、心と体を健やかに育み、素敵な暮らしにもつながるものです。美味しいものは何よりしあわせを感じさせてくれますから。

出汁は和食の基本であるばかりか、私たちの心と体の軸であり、原点でもあると、感じています。

出汁のない日本の食卓はありえません。日々味わい、大切に受け継いでいくべきJapan Coolなもの、それが出汁なのです。

三章　酢

最古の発酵食品に秘められたチカラ

酢は数ある調味料の中で最古のものの一つです。世界中には、様々な原料からつくられる様々な風味の酢があります。古くは薬としても使われ、美容効果も注目されていました。かの有名なクレオパトラは酢で美を保ったという伝説もあるのです。

今では科学的な裏付けがあり、発酵食品である酢の力はますます注目されています。この章では酢の世界を探訪していきましょう。

❖ 酢の意味するものは…

まずは漢字から酢を紐解きましょう。白川静著『常用字解』（平凡社刊）によると、「酢」の右の部分のつくりである「乍」（さく）の意味は、木の枝を曲げて垣などを作ることですが、時が過ぎる、物事を成す、の意味もあります。左の部分の偏「酉」（ゆう・ひよみのとり）は象形文字で、壺の中に入っている液体を意味します。ここにさんずい偏を付けると「酒」です。酢も酒と同じく壺の中に入れて保管していたのでしょう。

中国語の酢は「醋」と書きます。右の部分の「昔」は過ぎ去るの意味ですから、酢は酒が長い時を経て酸っぱくなったものを表しているのです。

では、英語ではどうでしょうか。Vinegar はフランス語の vinaigre から派生しており、vin + aigre は酸っぱいワインという意味です。ワインが古くなって酸っぱくなったものであることを示しています。

西洋でも東洋でも、酢は酒が時間を経て酸っぱくなったものという意味からその名がついているのです。

❖ 日本でいう酢を定義する

では、現在の日本での酢の規定と定義を見てみましょう。

酢の正式名称は食酢です。１９７９年6月8日に公示された食酢の日本農林規格によれば、食酢は酢酸を主成分とし、その酸味で味を調え、清涼感を増すために用いる液体調味料とされています。酢酸の量は食酢の3〜8%ほどです。製品のラベルにある酸度〜%という表示で確認できます。

酢の定義は、１９５０（昭和25）年に品質基準を設けるために作られた日本農林規格ＪＡＳ（Japanese Agricultural Standard）によるものです。

様々な酢は、大きく醸造酢と合成酢の二つに分類できます。

醸造酢は天然微生物である麹菌、酵母菌、乳酸菌、酢酸菌を使って造られる酢のことです。

一方、合成酢は醸造酢や酢酸などを水などで薄め、砂糖、塩、化学調味料を加えて造ったものです。

これらの生産比率は99％以上が醸造酢で、合成酢の生産は年々減っているため、私たちが口にする食酢はほぼすべて醸造酢だと考えてよさそうです。

しかしここで一つ知っておきたいのは、JASの定義では100％天然微生物のみの発酵でなくても、アルコールや醸造アルコールなどの化学製品を混ぜても、その量が規定枠内であれば、醸造酢と表記が可能なことです。原材料は瓶に表示がありますからご確認ください。

❖ 醸造酢とは

醸造酢の種類は、その原料により分類されています。最も日常的なものは、穀物酢でしょう。特に黒酢、玄米酢、米酢には、米独特のまろやかで豊かな甘味があるため、ご飯を主食とする日本人には馴染みやすく、どんな和食にも良く合う風味です。

穀物酢のうち米酢の表記には、2020年現在、次の規定があります。

1リットルの酢を造るにあたり40g以上の精米を使うことが義務づけられています。米だけを使って1リットルの酢を造るためには120g以上の米が必要です。そこで、規定量40gを差し引いた80gは、米の代わりに醸造アルコールやその他の穀類の添加が許可されているのです。この規定の米量なら米酢といえるのです。

黒酢とは、1リットルの黒酢を造るにあたり180g以上の玄米を使ったものを指します。小麦や大麦を加えて造るものもあります。

その名の通り、黒褐色の酢です。濃い色は長期間熟成させてアミノ酸と還元糖のメイラード反応によって生成されたメラノイジンという成分の色で、うま味のもとでもあります。

❖ 芳しいフルーツ酢

果実酢とは、1リットルの果実酢あたりフルーツ果汁が300g以上使われているものを指します。

さまざまな果実の汁を発酵させた果実酢は〝飲む酢〟としてヘルシーでお洒落なイメージも手伝って特に女性に人気が高いです。私もおもてなしのウェルカムドリンクやデザートに加えてその色と風味を楽しんでいます。

果実酢の中でブドウから造るバルサミコ酢は、ブドウ酢（ワインビネガー）のうちの一つです。バルサミコ酢は北イタリアのエミリアロマーニャ州のレッジオ・エミリア県とモデナ県で造られる酢だけに許された名称です。イタリア語では aceto balsamico 「かぐわしい香りの酢」という意味です。

日本の家庭でもパスタに代表されるイタリア料理が良く登場するようになり、バルサミコ酢もキッチンにいつもある身近な酢となりました。

バルサミコ酢のブドウ品種はトレビアーノという白ブドウだけです。熟成は10年以上のワインビネガーにぶどう果汁を煮詰めたものを加え、樽で複数年（5～6年以上）熟成したものです。この熟成期間中には、酢の量はどんどん減っていくため、徐々に小さな樽に入れ替えていきます。リンカルツォと呼ばれる作業です。樽の木材の種類を変えることで様々な香りをまとい、トロミと甘味も増し、芳しい酢になっていくのです。12年以上熟成したものは、tradizionale（トラディツィオナーレ）「伝統的な」という意味の名称が付きます。25年以上熟成のものは、stravecchio（ストラヴェッキオ）「たいへん古い」という名称で呼ばれています。どちらもとても高価ですが、アイスクリームにトロ～リとかけたくなるような豊かな風味に溢れています。一朝一夕には成らない長い時間が作り上げる芳醇な味と香りなのです。強い抗菌作用と豊かなポリフェノールも含む、体にも嬉しい酢です。

褐色のバルサミコ酢と並んで、もう一つご紹介したいバルサミコ酢は Bianco（透明なブドウ酢）です。白ブドウ果汁を煮込まず、遠心分離機にかけ、木樽で5年熟成させたものです。私はモデナ県のマルピーギ社のものを使っています。ドレッシングにすれば色が付かないので、仕上がりがきれいです。生ハムやアボガドを使った洋風寿司を作るときは必須です。ブドウの甘味とスッキリした酸味のお陰で、これ1本だけでシャレたイタリアンスタイルの寿司飯が出来上がります。（22頁　図A—1参照）

❖ それって食酢ではないの?

さて、酢といえば、皆さんのお宅にはすし酢、土佐酢などもあるでしょうか。「～酢」という名前なら、食酢だ!　と思いきや、これらは調味酢に分類されます。

また、ポン酢は、今では和洋中いろいろな料理に一掛けで味を〆る便利調味料ですが、ポンとは可愛いひびきだと思いませんか。

この名はインドの〝パンチャ〟が語源と言われています。パンチャとは、サンスクリット語で「5」を意味します。つまり、五種の材料、レモン汁、水、砂糖、塩、紅茶からつくった飲物でした。やがて、パンチャはオランダに伝わり、蒸留酒に柑橘系の果汁や砂糖、スパイスを混ぜたカクテルとなり、pons と呼ばれます。英語で言う punch（パンチ）のことです。

Pons はオランダ人によって江戸時代に、長崎の出島に伝えられました。彼らは食前酒として pons を飲んでいましたが、食前酒を飲む習慣を持たない日本人は、この飲み物からアルコールを除き、酢を加え、調味料として料理に使ったのです。カタカナで書いていた「ポンス」に、酢の漢字を当てて「ポン酢」となったと言われています。

また、柚、スダチ、カボスといった柑橘の汁、もしくはそれらの入ったタレ類も食酢ではなく、正式には果実の搾り汁に分類されます。これらは醸造による酸味（酢酸）ではなく、クエン酸の酸味だからです。

また、もろみ酢人気も根強いですが、この酸もクエン酸なので、食酢ではなく、清涼飲料水と表示されています。

❖ 時が醸す酢

ここで、米酢を例にとって酢醸造法をご紹介しましょう。

まず、伝統的な造り方をお話しします。

米を蒸し、麹を振り麹菌を繁殖させたら、樽に移し水と酵母を加え、アルコール発酵させます。ここまでは酒造りと同じです。ここに仕込み用の食酢を加え温めると、表面に酢酸菌膜ができ、酸っぱくなってきます。この膜が液内の自然な対流を生み、コクや香り成分が閉じこめられ、お酢そのものにうま味が閉じこめられると考えられています。これが静置発酵です。その後2か月間は何度か樽を変えながら熟成し、酢の味をまろやかに、風味も豊かにします。最短でもこれだけの期間は必要です。さらに長期間熟成することで琥珀色に輝く芳醇なお酢に仕上がります。これを濾過して瞬間殺菌し、瓶詰めにします。

一方、機械化した造り方は、食酢菌を直接添加し、しっかりと酸素を液中に入れ、アルコールを加えると酢ができます。これは、深部醗酵と呼ばれる方法です。この醸造に要する期間は、なんと！20時間から3日間ほどです。

添加物のない伝統的な醸造法で時間をかけて造る酢には、酢酸だけでなく他の有機酸が多く含まれています。それらは、料理を風味豊かに美味しくしてくれる複雑な丸みのある酸味のもとなのです。

私のお気に入りの酢との出会いは、10年以上前に丹後の醸造蔵を訪れた時のことです。ふらりと訪れた私たちにも熱心に愛情を込めた伝統の静置醗酵法での酢造りを語る様子を目の当たりにして感動したことからご縁が始まりました。

　その米酢は、1リットルの酢に200gの米を使っています。米だけで醸した酢です。JAS規定の5倍の米量を使い、自然の力だけでゆっくりと酢に成長させています。その酢蔵では320gの米を使ったよりコクの豊かなプレミアムな酢も醸造しています。

　有機酸※のまろやかな風味のお陰で、私は酢のものには他の調味料を加えず、この酢だけを使って味付けています。調味料を吟味して選べば、複雑な味付けは不要です。単純なレシピで、素材の味を生かしたとてもおいしい料理ができます。

　有機酸はうま味を増す上に、体をアルカリ性に保つ効果が高いとされます。また、カルシウムと酢を一緒に摂ると、カルシウムを効果的に吸収できます。シラスの酢の物や、魚に酢を少しかけて食べるなどは理にかなったことなのです。昔の人は偉いですね。

　酢がカルシウムを溶かし吸収しやすくすることを目視できる方法として、小学校の夏休みの自由研究なりそうな簡単な実験があります。生卵を殻ごと酢につけておくだけです。2～3日で卵の中が透けて見えるほど薄くなり、殻がフワプルに弾力を持って柔らかくなります。

図1—10

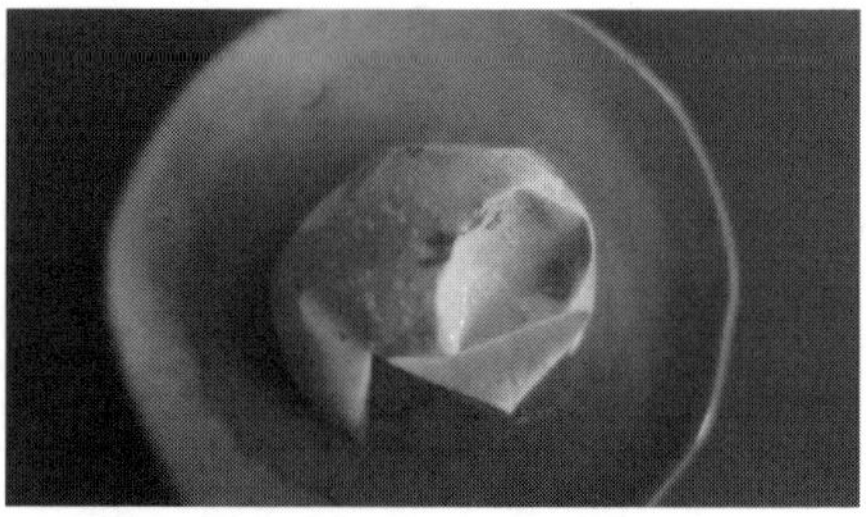

酢につけた卵　殻がとけていく

※有機化合物の酸の総称。ここでは乳酸、コハク酸、リンゴ酸などを指します。

(図1-10)

❖日本の酢の歴史

さて、古代から世界中にある酢ですが、ここで日本での酢の歴史をみていきましょう。

酢は大陸から日本に伝えられたと言われています。しかし、その時期ははっきりわかっておらず、四世紀頃ではないかとされています。弥生時代に稲作が伝来したことをきっかけに、米から作る酒造りと食酢造りが起こったと推測されています。

奈良時代には、酢造りは盛んになっていきました。
平安時代には造酒司《みきのつかさ》※にて酒や醴《あまざけ》とともに造られていました。なぜなら当時、酢は貴族の正式な宴に欠かせない調味料の一つだったからです。

当時の貴族の正式な宴では大饗料理が食されました。大陸文化の模倣でしたから、白い絹布（テーブルクロス）を敷いた赤木の台盤（テーブル）に向かい合わせに座り、箸だけでなくスプーンも使って食べていました。食べ物は、主に干物と、魚、肉を切り分けたもので、それぞれを朱塗の鉢や銀製の小皿に盛り付け並べ、手前に置いた調味料（塩・酒・醤・酢など）で各自が好きなように味付けして食べていました。社会的地位が高いほど調味料の種類は多いのですが、どの地位の人にも必ず酢は置かれる大切なものでした。

※律令制で宮内省に属し、宮中で使用する酒、醴、酢の醸造を司った役所

鎌倉時代には精進料理、そして室町時代には、本膳料理という形式の登場で、様々な調理法が生まれ、食材を五味・五色・五法※で作るようになります。酢の物、あえ物、酢漬けなど、酢で調味した料理も広く食され始めます。

安土桃山時代には、侘び茶の美学に則り、趣を持って季節感を大切に、食べきれるだけのものをおしのぎ程度に用意する懐石料理が形づくられ発展するに伴い、酢を使った料理も洗練されていきます。

※陰陽五行の思想から、料理のバリエーションを示す表現。甘・辛・酢・苦・鹹の5つの味、赤・白・黒・黄・青の5つの色、生・焼・蒸・炒・揚の5つの調理法を組み合わせて調理すること。見た目に美しく、おいしく、栄養バランスもとれており、和食の基本とされている。

江戸時代に入り１６４９年には、尾張の国で酢を大量生産する方法が生まれ、少しずつ庶民にも手の届きやすいものになります。しかし、大量生産といってもすべて自然醸造ですから、時間がとてもかかりました。また、気温と湿度に左右され、味と品質は安定せず、時には腐敗してしまう可能性もあり、普及したとはいえ決して安価ではなかったのです。

江戸時代後期１８０１年に著された『料理早指南』（醍醐散人著）には、多種の合わせ酢が記されています。

今では一般的に知られていないものもありますが、いくつかをご紹介すると、二杯酢（酢+醤油）三杯酢（酢+醤油+酒）吉野酢（二

杯酢もしくは三杯酢を吉野葛でとろみを付ける）わさび酢（酢＋わさび）煮返し酢（酢＋焼き塩を煮立て冷ます）土佐酢（鰹と昆布の出汁＋醤油＋味醂を煮て冷ましたら酢を加える）白酢（豆腐＋摺り白胡麻＋酢）

どの合わせ酢も現代の和食の基本として伝えられていますが、江戸庶民の料理と味付けの工夫とセンスを感じます。好みの食材に和えたり、漬けたり、かけたりすれば、現代の日々の食卓にも十分参考になりますね。

❖ 新しい酢の誕生

江戸後期には、新しい酢が登場します。

その酢は当時江戸で流行っていた屋台寿司、いわゆる早ずしといわれた握り寿司が火付け役となり、広がっていくことになります。（寿司については本書「寿司の章」をご参照下さい）

新しい酢の誕生には、酒造りが関連しています。当時の酒の超高級ブランドは灘の酒でした。江戸にわざわざ下る（運ばれる）上質の品、つまり「下りもの」が灘の酒でした。反対に下る価値のないものは「下らないもの」と言われ、とるに足らないこと「くだらない」という言葉の語源となっています。

樽廻船に積まれ、はるばる江戸へ運ばれて行った灘の酒は、江戸ではかなり高価なハイブランド高級酒であり、一般庶民には高嶺の花だったのです。

庶民にも手が出るうまい酒として、人気があったのが尾張の酒でした。江戸までの海運距離も近く、価格も安いがおいしいと評判でした。その酒は中部地方の酒という意味で、中国酒と呼ばれました。

ところが、酒の規制緩和で灘の酒の価格が下がり、広く流通するようになったことで、中国酒の売れ行きは劇的に落ち、大打撃を受けたのです。尾張の酒造業者が次々廃業に追い込まれる中、起死回生をかけたのが尾張は半田村の中埜又左衛門でした。彼が考えたのは酢造りです。酢造りは途中まで酒造りと同じ工程であることは皆周知のことでしたが、酒蔵で一度酢を造ると酢酸菌が蔵に付き、すべての酒がダメになることから、決して誰も酢造りに手を出そうとはしなかったのです。

しかし、彼は熟考しました。そして決断しました。酒を絞った後に残る廃棄物の酒粕を使うことにしたのです。捨てるものなら原価はゼロです。酒粕を3年間樽で寝かせ、甘味とアミノ酸のうま味を増し味噌のように褐色になったものを酢酸発酵させるのです。

酢造道具も酒造りに使うものを可能な限り転用したようです。試行錯誤の末、彼はこの廃棄物から酢を造ることに成功したのです！　1810年2月から翌年8月までの酢造りの経費を記した『酢屋店卸帳』に記載があり、又左衛門の本格的な酢造りが確認できます。それは粕酢と呼ばれ、値段は安く味は甘味の強い酢でした。その色が褐色なので赤酢とも呼ばれています。

又左衛門はこの新しい酢を江戸で人気の早ずしの調味酢として売り出せると直感し、粕酢は江戸でしか販売できないように戦略を立て、その付加価値を上げようと企てます。彼は尾州廻船に粕酢樽を山と積み、江戸に乗り込みました。

当時の寿司酢は、酢に砂糖と塩を合わせたものでしたが、酢は安いものではなく、砂糖はとても高価でしたから、安さと旨さをウリにする屋台寿司屋にとって、この安く甘みのある粕酢は渡りに船でした。粕酢を使えば砂糖は不要だったわけです。当時江戸で人気の「与兵衛鮨」、「松のずし」、「毛抜きずし」、「安宅ずし」が、粕酢を使ったと記録があり、又左衛門との交流は手紙にも残っています。

「ピンチはチャンス」というフレーズは経営戦略で今もよく使われますが、それを実行し成功した彼はアイデアと発想力が豊かで、決断力と行動力がある人物だったのでしょう。現在なら、素晴らしい経営者として注目の的となるに違いありません。彼は現在の株式会社ミツカンホールディングスの初代、創業者です。

粕酢は二百年の歴史の中で廃れてしまった時期もありますが、今ではよみがえっています。

今も粕酢にこだわっている寿司屋さんや料理屋さんがたくさんあります。粕酢を使ったすし飯は、ほのかな甘味が口に広がり、シャリがほんのり赤茶色に染まっているのですぐわかります。

私は、家族と手巻き寿司を楽しむ時の寿司飯は純粕酢だけで味付けたすし飯を使っています。簡単でヘルシーなおいしいすし飯です。（図1−11）

図1—11

粕酢　褐色で甘みのある粕酢

セミナーではバルサミコビアンコ、粕酢。米酢で作ったすし飯を一口ずつ食べ比べてもらいました。酢の風味がわかるように他の調味料は加えていません。一番人気は食べ馴染みのある米酢でしたが、続いて粕酢でした。バルサミコのぶどうの甘みは好評でしたから、洋風ネタのすし飯に使えばピタリです。

❖ 日本の酢の力

酢は体に良いとされており、内臓脂肪を減らす効果、高血圧を下げる効果、血糖値の急激な上昇を防ぐ効果があるという研究結果があります。酢は肉を柔らかくしますが、私たちの体を柔らかくするというのは残念ながら期待出来ません。

なるべく自然製法の添加物のない酢を一日一匙料理に加えることで生活習慣病を遠ざけるといわれていますから、one spoonful vinegar in a day をモットーに、健康をグッと近づけたいものです。

食べるだけではなく、酢はお掃除にも使えます。つまり酸性洗剤代わりになります。食べ物を扱うキッチンなら化学洗剤より安心です。水垢に効果があるので、シンクやまな板に水で薄めた酢をスポンジに含ませ磨くときれいになります。

そしてお花にも使えます。住空間に季節の生花があると心和みますね。私は仕事柄、一年中花をアレンジします。夏場はなるべく暑さに強い花材を選びますが、それでもすぐに傷みます。暑い季節には、ガラスなど透明感のある器に水を張り、無造作に花をあしらうとなんとも涼しげで美しいのですが、その美しさも刹那です。菌が繁殖しやすく、水が濁り、花はしおれます。エアコンの風が直接当たることも、オンオフの温度差もよくありません。少しでも命を長らえてもらおうと水に小さじ一杯ほど酢を垂らします。普段より1日、2日は長持ちします。これらの暮らしに使う酢は、リーズナブルなものを選んでいます。

酢の力は強く、料理にも暮らしにも頼りになる存在です。表舞台の立役者としてばかりか、裏方として、隠し味として、その力を大いに発揮してくれます。現在、米酢は輸出されており、その量は年々増えています。米酢需要の伸びは、世界的な和食ブームと sushi の人気によるものです。日本の酢は世界を巡っているのです。米酢に代表される日本の酢は Cool Japan な発酵食品です。

（22頁　図A―2、3参照）

四章

薬味

風味・香味で美味しさを豊かに彩るもの

薬味とは、調味料の一種であるハーブとスパイスのことです。「薬味」という言葉は、既に一～二世紀の中国で使われており、「薬効を期待する植物の味」を意味していたようです。

和食の薬味を思い浮かべてみると、案外たくさんあります。

野菜類なら、紫蘇、貝割れ、葱、茗荷、芹、三つ葉、生姜、山葵など、種子類なら胡麻、松の実、芥子、唐辛子、山椒など、柑橘類は、柚子、カボス、スダチ、海藻類なら、海苔、アオサなどなど……加えて動物性のものは、桜海老、削り節、ちりめんじゃこも薬味とされています。

薬味の風味と香りをうまく使いこなせると、目に美しく料理を洗練させ、香りや辛さの刺激で食欲をそそります。存在は小さくとも効果絶大な薬味。まるで、お洒落上手な人の心憎い小物使いを見るようです。薬味使い上手は料理上手への近道です。

ここで、料理に添えるほんの小さな存在の薬味たちが持つ大きなワンダーワールドを一つずつ探訪していきましょう。

❖ 胡麻

胡麻は、ゴマ科ゴマ属の一年草で、90～120日で収穫に至ります。その原産地はアフリカ大陸ですが、栽培ゴマの発祥地は紀元前3500年頃のインドとされています。その後、エジプトナイル川流域でも、栽培されています。

胡麻の収穫前の姿を見たことのある方少ないでしょう。草丈は1mほどになり、夏に白から薄紫色の花をつけます。その実は、オクラのような形で、その中にたくさんの種（胡麻）が入っています。一本の草から20～30gのゴマが採れます。

日本では、縄文時代の遺跡からゴマの種が出土しており、奈良時代には、食用油と照明用油として胡麻を栽培していたという記録が残っています。食用油として使用していたとは意外ですが、当時は、箸だけでなく匙も使い、揚げ菓子も食す文化があり、油を多用していたと考えられるのです。奈良時代から平安時代には、上流階級の正式な宴会の形式、料理ともに大陸の影響が強かったのです。その後しばらくは、油を使う料理は姿を消していきます。

（図1-12、13、14）

現在私たちが口にする市販の胡麻のほとんどは輸入です。国産胡麻は1％にも満たないのです。なんと〇・1％ほどと驚くほど少なく、かなり高価です。国産胡麻のほとんどは鹿児島の喜界島で栽培されています。胡麻の生育には、やはり暑い気候が向いているのですね。

世界での生産量の上位国を見ると、スーダン、ナイジェリア、タンザニア、エチオピアブルキナファン、ウガンダ、ニジェールと続くアフリ

図1—12

ゴマの花

図1—13

ゴマの実

図1—14

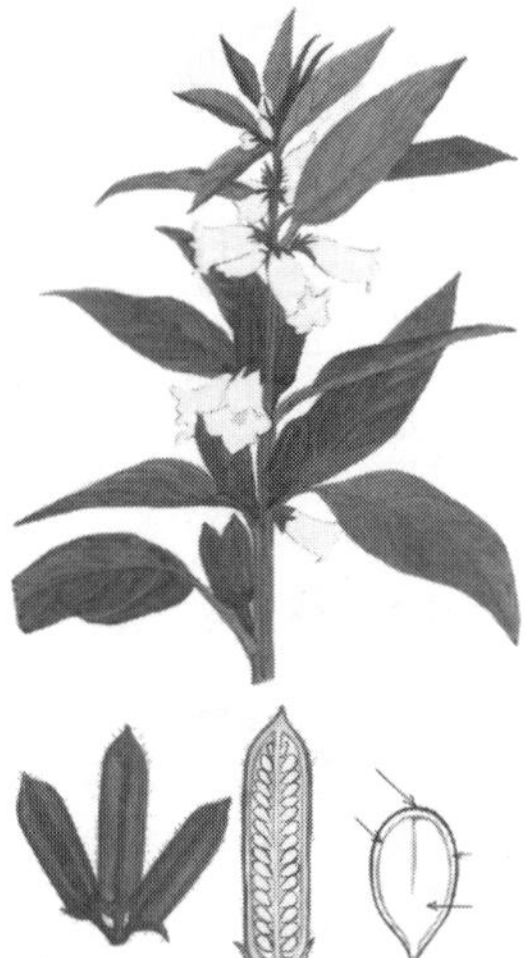

ゴマの花と実のイラスト

出典:カタギ食品株式会社

カの国々が多く、ミャンマー、インド、中国、というアジアの国々の生産量も上位を占めています。（2018年グローバルノート調べより）

食用胡麻の分類は種子の外皮色によるもので、白・黒・黄・金・茶の5種類があります。

国産胡麻は日本での消費量の〇・1%とお話ししましたが、近年新たな品種がつくられました。

茶胡麻に分類される「ごまぞう」、黒胡麻の「ゴマえもん」、白胡麻の「ゴマひめ」の誕生です。現在、早生で収穫期の早い白胡麻「ゴマひめ」は「まるひめ」と改名しました。一方、栽培適地が鹿児島から岩手と範囲の広い黒胡麻「ゴマえもん」は「まるえもん」とその名前を変えています。これらの品種は抗酸化作用が高いとされるセサミンとセサモリンの含有量が多く、吸収量も多い希少種として注目されています。

※食料、農業、農村に関する研究開発を行う機関である農研機構により、国産開発製品として生まれた品種である。「Korea39」と「関東11号」と交配した「まるひめ」は、2010年6月14日に公表。「ごまぞう」は2003年2月20日、「まるえもん」は2009年6月29日に公表された。金胡麻系の「にしきまる」は2015年9月29日に公表された。

胡麻油は酸化しにくく、老化防止やコレステロール値を下げる効果が期待される植物油ですから、揚げ物、炒め物にはうってつけです。また、切り、捻り、練るなど、外皮を傷つけ破ることで、効果的に栄養素を摂取できます。さらに、煎り、擂りによって、食感と味わいが大きく変わります。飲酒前に食べるとゴマグリンの作用で、二日酔いが防げるそうです。

料理により、胡麻の処理法を変えると、香りとコク、味、香りのバリエーションが広がるのです。（22頁　図A―4参照）

胡麻と日本人との古くからの長いお付き合いの中で生まれた、胡麻を使った様々な表現もあります。

例えば、「ゴマをする」です。気に入られるように相手に媚びへつらって自分の利益を得ようとすることですが、なぜ胡麻なのでしょう。

実は諸説あります。そのうちの有力な3説をご紹介すると、

（一）昔、商いをする時、相手にお世辞を言いつつ売り込みながら、揉み手をしている姿が、まるで右手に擂粉木を、左手にすり鉢を持ち、胡麻を擂っているように見えるから。

（二）すり鉢で胡麻を擂ると油が染み出し、鉢のあちこちにベトベトと付く様子が相手に媚びへつらう様子に似ているから。

（三）寺にいる小坊主が修行として胡麻擂りをさせられる時、一生懸命に擂ると和尚が喜び、ご機嫌が良くなるから。

さて、どの説が本当なのでしょうか。その真相については研究者の方々にお任せするとして、どの説も一理あり、アレコレ想いを巡らせるのは面白ものです。

さて、この「ゴマをする」を英訳するならどう表現できるでしょうか。直訳ならTo grind sesame seedsですが、媚びへつらう様子を表すには、ある果物を使って表現できます。それは、リンゴなんです。An apple polisherという表現があり、まさにリンゴを磨く人、これは「ゴマをすること」と同じ意味です。

西洋では古くからリンゴは健康に良い、医者いらずの果物と言われてきました。そこで昔、ある小学生が先生に媚びを売ろうとリンゴをピカピカに磨いて贈ったことから生まれた表現とされています。なかなかの小学生です。洋の東西、どこでも人の考えることは変わらないのですね。

もう一つの表現として「ごまかし」があります。今では、「誤魔化し」と書きますが、これは当て字です。

この言葉「ごまかし」の始まりは、文化文政（１８０４〜１８２９）年のこと。当時、「胡麻胴乱《ごまどうらん》」という人気の菓子があったのです。それは、小麦粉と胡麻をこね合わせ焼いた香り高い菓子なのですが、焼くと中が空洞になるため、見た目は大きく立派だが中身がないことを「胡麻菓子《ごまかし》」と言うようになったのです。

これらのことからも、胡麻は古くから日常の身近な食べものだったことがわかります。

今のように油を多用する料理がなかった時代には、胡麻は栄養豊かで味にコクと深みを加える大切な食材であったのでしょう。

❖ 生姜

薑《はじかみ》（山椒の古名でもある）ともいわれる生姜は、ショウガ科ショウガ属の多年草で、これも暑い地域の植物です。原産は厳密には不確定ですが、熱帯アジアのインドからマレー半島とされており、日本には二〜三世紀頃、呉の国から伝わったことが『魏志倭人伝』に記されています。その後、奈良時代には栽培されていたようですが、この頃の用途は薬用でした。その効能は、冷え防止、胃を守り免疫力を高めるとされていました。食用として広く使われ始めたのは、江戸時代になってからのことです。

一般に食用にする生姜は、根の部分とされますが、正確には根と茎の部分にあたり、それを根茎《こんけい》と呼びます。つまり地上に出ている部分は、すべてが葉なのです。茎のように見える細長い部分は、葉が何重にも巻き付いており、伸びていく都度に一枚ずつ開いて葉の形になっていくのです。花は葉の巻き重なった部分から抜け出して咲くのですが、その様子はグラジオラスや花菖蒲のような感じです。

繁殖は雌しべと雄しべの受粉によることはごく稀で、主には根茎により広がっていきます。

現在、私たちが口にする根生姜の消費量の四分の一が輸入によるものです。

原産が熱帯アジア地域ですから、輸入生姜は、タイやインドネシアからが多く、ナイジェリア、ウガンダ、ジャマイカなどからも輸入しています。

国産では高知の生産量が最も多く、熊本、千葉、宮崎、鹿児島などが主な生産地です。これらの大きなサイズのものは「大生姜」に分類され、適当な大きさに分けて販売されます。

一方、「小生姜」に分類されるものは根の部分が小さく辛みが強いのです。そのため、料理にアクセントを付けるちょっとオツな大人な味としてニクイ存在です。

例えば、根茎と葉の芽を一緒に食べる谷中生姜、芽の部分を湯通し甘酢に漬けたはじかみなどです。

「小生姜」である谷中生姜は江戸時代からブランド商品でした。当時は西日暮里あたりで栽培されていたのですが、その地域は水量が豊富で水はけが良く、風は遮られる地形のため生姜栽培に適していたようです。夏に出荷する生姜は、当時の中元の贈答品とされていたそうです。


ところで、日暮里とは面白い響きの地名ですが、本来は「新堀」と書き「にいぼり」と読んでいたのですが、やがて訛って「にっぽり」となり、江戸中期に現在の漢字に変わったようです。この辺りは景勝地でもあり、「日が暮れるまで眺めていたい里」という意味で文字が当てられたとのことです。


日暮里から南下し、東京プリンスホテルの東側に位置する芝大神宮付近でも、生姜は栽培されていました。

関東のお伊勢様の別名もあるこの神社では、毎秋「生姜祭り」（正式名は神明祭）がありますが、11日間も行われるため「だらだら祭り」とも呼ばれています。国産生姜生産高一位の高知県農業協同組合は、こちらに生姜を奉納しています。

参道には生姜市が出るため、参拝者はまずここで生姜を買います。その後、千木筥《ちぎばこ》を買うのが伝統のお決まりのコースです。これは、大中小の重ねの筥で、3個はしっかりと括り付けてあり、中に炒り大豆が数粒入っているのです。この豆は、魔除け、雷除けになるとされています。また、千木は同音の千着に通じ、千枚の着物を連想させることから、筥をタンスの中に入れておくと着物が増え

図1—15

芝明神生粋　歌川国貞　神明祭の間、女性たちはお洒落して生姜と千木筥に良縁を願う　　出典:国立国会図書館

るとされています。当時は着物が増えると嫁にいきやすいという縁起担ぎがあったため、女性たちには人気だったのです。

浮世絵にも、着飾った女性が千木筥を買い、生姜を売る店が参道に並ぶ様子が描かれています。江戸の秋の風物だったのでしょう。（図1―15、16）

ところで千木《ちぎ》とは何かご存知でしょうか。これは神社の屋根にある交差した板状の木の事です。屋根の両端に角のように出ているものと言えばおわかりでしょう。一方、屋根の上に並んでいる丸太のような木は鰹木と呼びます。中央が太く両端が細いその形はまるで鰹節のようなのです。

図1―16

芝大神宮の千木筥　千木筥の中には、魔除け、雷除けになるとされている豆が入っている
出典:芝大神宮

神社を訪れた時には、鰹木の数と千木の形に注目してみて下さい。千木の先端の切り口の先端を水平に切ったものを内削ぎと呼び、先端を垂直に切ったものは外削ぎと呼びます。この形と鰹木の数で祀られている神様が男神か女神かが分かり、内削ぎの千木と偶数の鰹木の社には女神、外削ぎで奇数の鰹木の社には男神が祀られているという俗説もあります。

何気なく目にしているものに着目すると、その形が象徴する意外な意味にたどり着くことがあります。ちょっと知っておくと〝日本通〟の鼻高な気分になりますね。（図1―17）

図1―17

千木と鰹木　神戸生田神社　内削ぎの千木には女神、外削ぎの千木社には男神が祀られている

❖ 茗荷

茗荷も生姜と同じく、ショウガ科ショウガ属の多年草です。日本には大陸から伝えられ栽培された時には、生姜を兄として「兄香《せのか》」、茗荷を妹として「妹香《めのか》」と呼んでいたともいわれているのです。

私たちが食べる部分は根ではなく、花穂の部分です。地中に伸びた地下茎から地面に直接花穂が出てきます。なるほど茗荷を半分に切ると中に雄しべを見つけることができます。一つの花穂の中に3〜12個ほどの蕾が入っているのです。堅く巻き、ふっくらと丸いものが美味しい茗荷です。

茗荷の旬は初夏6月から初秋9月頃です。暑い季節に特有の清涼感と香りを運び、どんな料理にもちょっと添えると食欲をそそります。香りを楽しむなら、繊維を断ち切るように横切り、食感を楽しむなら縦切りが適します。

香りはα—ピネンというもので、その効能は、食欲増進、健胃効果です。また発汗により体温を下げ、脳をリラックスさせる効果もあるようです。赤い色はアントシアニンの一種であるマルビジンで、解毒効果もあるとか。よく、茗荷を食べるともの忘れをするといわれますが、これは単なる俗説で、科学的根拠はまったくありませんので、ご安心を。

東京の文京区には茗荷谷《みょうがだに》という地名がありますが、文字通り江戸時代には茗荷を栽培していたことから後に名付けられています。

しかし、関東では谷を「や」と読むことが一般的で、「たに」と読むことは稀です。谷の読み方は中央構造線フォッサマグナを境界線にして、西では「たに」、東では「や」と読む傾向がみられます。そして谷の意味も、西の「たに」は山と山に挟まれた低い細長く溝状に伸びた地形を指し、東の「や」は草の茂湿地を意味していました。

東京の茗荷谷の名前は、全国から人々が江戸にやって来て文化が流入混合したことで生まれた、当時としては新しい名前なのです。

❖ 山葵

日本原産の山葵は、アブラナ科の植物で、学名もWasabia japonicaであり、英語でもWasabiで通じます。

山葵の最古の記述は、605年に書かれたとされている木簡にある山葵の文字です。つまり、かなり古くから食されていたと考えられ、当時は薬用であっただろうとされています。

やがて室町時代には、現在のような薬味として利用され始めますが、この頃までは野生のものを使っていたようです。

江戸時代には消費量も増え、栽培が始まり、寿司、蕎麦の薬味として欠かせないものとなります。

栽培の始まりは、1600年頃のことです。白鳥亀衛門という人物が、現在の静岡市葵区有東木《うとうぎ》地区《ちく》に自生していた山葵を近くの湧き水地に植えたところ、とてもよく繁殖したのです。そこで、村人たちが栽培を始めます。

その山葵を1607年12月7日に徳川家康に献上したところ絶賛され、栽培地である有東木からは門外不出の扱いとなり、その地以外で栽培することを禁じられたのです。

その理由は、山葵の品質の良さに加え、山葵の葉の形が徳川家の葵の御紋に似ていることも庇護の理由だったようです。

ところが、それから140年程後となる1745年5月に、密かに山葵の苗が持ち出され、伊豆天城でも栽培が始まり、そこから全国各地に広がっていくことになります。

現在、日本三大山葵地と呼ばれているのは、静岡県の有東木、長野県安曇野、島根県益田市匹見です。どの地も清流と質の良い湧き水でも有名です。わさびの育成には、清らかな豊かな水が不可欠である証なのです。しかし、現在各地の生産地の中には、水辺の栽培ではなく林間露地栽培地もあります。（図1―18）

図1―18

わさび全草　見ることの少ないわさび全体
出典:金印株式会社

さて、生の本山葵は少々贅沢な買い物ですから、せっかくなら良いものを求めたいですね。

良い山葵とは、その形が円柱形に近いもの、黒点のないもの、濃い緑色でみずみずしいものです。

山葵をおろすのに最適とされているのが鮫の皮でつくったおろし器です。わさびの特性である辛みは、酸素に触れることで生まれます。根の細胞を細かく擦り砕き辛みを出すためには、金気を帯びない鮫の皮の細かな凹凸が最適とされているのです。おろしてみると、ふんわりと空気を含みクリーミーに摺れます。辛味だけでなく、甘味、香りも豊かになります。

擦る前には、まず山葵の葉を落とし、ひげ根の飛び出たコブを削り、タワシで表面を洗ったら、葉のほうからゆっくりと円を描く

図1—19

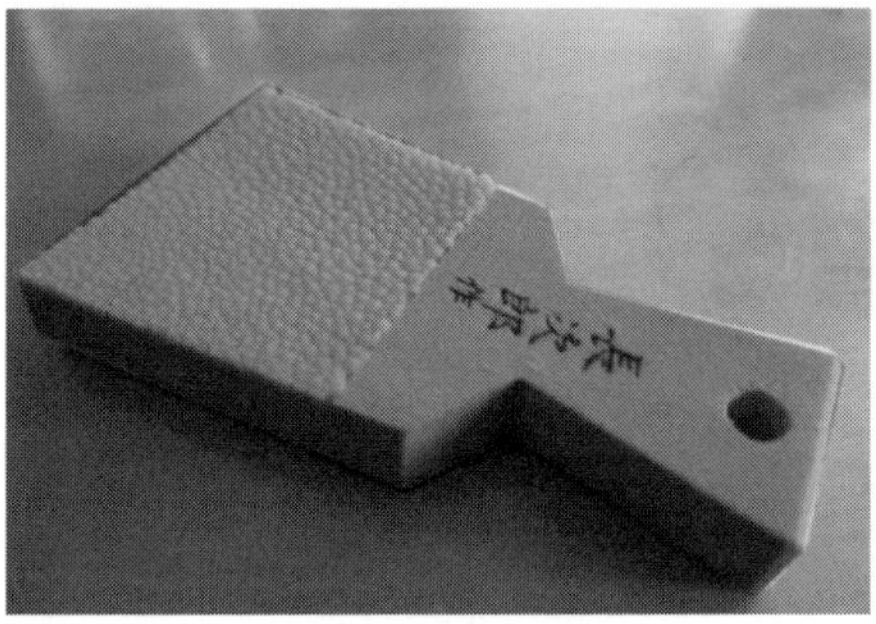

鮫皮おろし器

ように、のの字を書くように、優しく力を入れ過ぎないように擂るのです。砂糖を一つまみ加えると香りと辛みが増すともいわれています。香りと辛みのピークは擂ってから5分、おいしさは30分までが目安ですから、擂ったらすぐ食すのもコツです。

時には、贅沢して本物の山葵を摺って、料理に添え、香りと辛味を存分に楽しみたいものです。特に、擦りたての山葵と炙りもみ海苔を炊き立てご飯にのせ、塩をふり、熱いお茶をかけたお茶漬けは絶品です。（図1−19）

山葵の辛味成分の素は、シニグリンです。細胞が壊され空気に触れると、辛さを生むアリルイソチオシアネートに変わります。この辛味成分には殺菌、消臭、鮮度保持の効果もあるため、刺身をはじめとする生ものに添えると良いのです。昔の人はどうしてこんな科学的な効果を知っていたのでしょうか。経験と鋭い感性の賜物でしょうか。

近年、山葵の力を利用した様々な製品が作られています。例えば市販のお弁当の蓋を開けるとセロファンシートがのせてありませんか。これはご飯と料理の乾燥を防ぐためではなく、抗菌と鮮度保持のためのシートです。このシートには山葵から抽出したアリルイソチオシアネートが含まれているのです。食品に直接触れるものなので、山葵からの成分であれば安心です。シートだけでも購入可能ですから、お弁当を作った時に1枚のせておけばいいですね。

家庭では、山葵を摺ることは稀で、チューブや小さなプラスチックパック入りの練りワサビを使うことが一般的でしょう。練りワサビとは、擂った西洋ワサビ（ホースラディッシュ）を緑色に着色したものをベースに、山葵を少し加えたものです。その山葵も根の部分ではなく、茎やひげ根を加えることが多いようです。風味と辛味を出す辛子も加え、水飴、食物繊維、植物油、酸味料、香料などで、味のバランスを取り、粘りを出すために増粘剤を加える場合もあります。こうして作られる山葵を加工ワサビと呼びます。

粉ワサビも西洋ワサビをベースに作りますが、材料は練りワサビよりシンプルです。

加工ワサビのうち、「本ワサビ」と名付けるためには、製品に50％以上の本山葵を入れなければなりません。市販の加工ワサビには、様々なものがありますから、表示をよく見て選び、料理によってその風味を使い分けるとよいでしょう。

おもしろい山葵商品として、わさびのエキスをイクラ状の粒に閉じ込めたキラキラ光る緑色ビーズのように加工をしたものもあります。おもてなしやパーティー料理の盛り付けに使うと、インスタ映えで場が盛り上がりますよ。（22頁　A—5参照）

❖ 葱

葱は、ヒガンバナ科ネギ亜科ネギ属※の多年草で、その原産地は、中国西部、中央アジアで、2200年前から栽培されていたと言われます。日本では493年に書かかれた『日本書紀』の中に秋葱《あきぎ》の名があります。他の古名には、比止毛之《ひともじ》、葱《き》、祢木《ねぎ》などがあります。

葱を見ると、白い部分が茎、緑の部分が葉と思いがちですが、葱のすべては葉です。白い部分は葉が重なりながら巻いているのです。

※APG体系による新しい分類。1980年代にアーサークロンキストが提唱した被子植物の分類体系であるクロンキスト体系では、ユリ科とされていた。

関西で葱と言えば、緑色で細い青ネギを指し、関東では白く太い白ネギを指すことが一般的です。しかし、最近では万能ねぎが出回り、その名の通りどんな料理にでも活躍すると人気です。この万能ねぎは九条細を密植して若採りしたもので、福岡ＪＡ筑全あさくらが商標登録したブランド名です。その承認がない限り、第三者の生産したものは万能ねぎと名乗ることができないのです。

一方、江戸野菜としてブランディングされている千住ネギは、江戸時代に千住村で生まれたことで名付けられました。その始まりは摂津の国から移住した砂村新左衛門が、荒川と隅田川の間の砂地を開拓した場所で葱を作り、その葱を千住村の農家が改良を重ね、白い部分を増やした上質の葱を栽培していくのです。当時のその場所とは、現在の江東区の砂町あたりです。今も昔も極上の千住ネギとは、甘くて煮崩れせず、それでいて口に中に入れるとトロけるもの、とされています。

葱のネギオールという成分は、殺菌、発汗、解熱効果があり、その香りと辛味は、アリシンという成分です。アリシンは、食欲を増進させ、血行を抑止、疲労回復が期待できます。葱は風邪に良いといわれるゆえんです。

葱は蕎麦の薬味として欠かせません。その香りと辛味が蕎麦の風味を引き立て、蕎麦に含まれるビタミンB1の吸収を助ける働きもあります。つまり、味、栄養ともに素晴らしい組み合わせなのです。昔の人はどうやって効能を知ることができたのでしょう。先人の経験に習い、自らの心身に聴く力を持っていたのでしょうか。利便性と時短を追求するばかりに、現代人は人間本来の優れた能力を鈍らせてしまったのかもしれません。

❖ 唐辛子

さて、唐辛子は何科の植物かご存知でしょうか。ナス科です。原産は中南米で、十五世紀からの大航海時代を皮切りに世界へと広がっていきます。

辛味成分カプサイシンは適切な量なら、発汗作用、食欲増進作用が期待できます。カプサイシンは、口の中がヒリヒリする辛みで、舌に留まりやすい親油性分子です。この辛さを和らげるには、ヨーグルト、牛乳など乳製品、ピーナッツバター、オリーブオイルなど油製品、砂糖、蜂蜜など甘味が効果的とのことです。なるほど、唐辛子を多用するインド料理には、なるほど少し甘いヨーグルトドリンク・ラッシーが合うわけですね。

近年では、激辛ファンが目立ち、唐辛子は薬味という脇役から、むしろ主役に躍り出て、どっさりたっぷり料理が真っ赤に染まるように使うのを目にすることもあります。これは、「過ぎたるは及ばざるが如し」です。ところが、激辛ファンは、クセになるウマさと言うのです。一説によると、唐辛子の辛さは脳に痛みを感じさせるため、鎮痛作用のあるエンドルフィンが分泌され快感を生むそうです。しかしながら、どっざりと山と盛られた真っ赤な粉を見るだけで私は汗が出て胃が痛くなります。

唐辛子の漢字は「唐から伝わった辛子」ですが、唐とは中国を指すのではなく、外国という意味のようです。

文献には1552年にポルトガル宣教師が大友義鎮《よししげ》に献上したと記録があり、当時は「南蛮胡椒」もしくは「番椒」と呼ばれていました。

大友義鎮は、豊後大分の大名であり、クリスチャンでもありました。クリスチャンネームはドン・フランシスコです。領内での布教も許可していますから、宣教師との接触が何度もあったことは明らかです。彼は、後年出家し宗麟を名乗ります。

当時、唐辛子は主に観賞用でした。しかし、足袋のつま先部分に入れ寒さを防いだという興味深い記録があります。現代的にいえば「靴下用カイロ」ですね。

やがて江戸時代になると、唐辛子は一味や七味として大切な薬味の一つとなります。七味は七色唐辛子と呼ばれ、粉唐辛子に、焼唐辛子、山椒粉、胡麻、芥子の実、麻の実、陳皮の6種を混ぜたもので、香りが良く深みを感じる辛さが魅力です。

日本各地でも栽培が始まり、江戸の街には唐辛子売りが登場します。

その商法は目にも耳にも魅力的なエンターテイメント性を盛り込んだ、現代でも学ぶべき優れものです。

唐辛子売りは「七味唐辛子」と書いて「なないろとうがらし」と読む看板旗を付け、赤い帽子に赤い着物とモンペ、背中には巨大な赤い唐辛子の張り子を背負っています。張り子の中に商品を入れています。一目で唐辛子売りと分かる凄いインパクトの全身赤色尽くめコスチュームです！

売り子はお決まりの歌を歌いました。「♪トントン唐辛子～　ヒリヒリ辛いが山椒の粉《こ》、スハスハ辛いが胡椒の粉、ゴマの粉、陳皮の粉、トントン唐辛子～♪」

この歌が聞こえてくれば、唐辛子売りだ!!　と分かり、子どもたちも集まってきたでしょう。買いに行くと、好みに合わせて辛味を調節し、自在に味を変えてくれるのです。カスタマイズしてくれる顧客満足度の高いサービスですね。

山東京伝の洒落本の中に、唐辛子売りの絵があります。唐辛子売りが、川に落ちた酔っ払いを助けるシーンを描いたものです。もちろん駄洒落が織り込まれているのですが、「からい唐辛子を売っている人が、からき（辛き）命（危うい命）を救っている」という江戸っ子好みの駄洒落のキャプションが付いています。

和食の薬味のいくつかをご紹介しましたが、どれも豊かな世界を持ち、料理には味・香り・彩り・季節感を添え、食欲をそそるものばかりです。小さいけれど大きな役割を担う存在であることを改めて知ることができます。

料理上手のコツの一つとしても、季節感を表現し、五感を刺激してくれる薬味は、上手く使いこなしたいCoolな食材です。

❖ 茶の言の葉が教えてくれることは…

「茶の花香《はなこう》より気の花香」という言葉をご存知でしょうか。

お客様に香り高い特別なお茶を出すより、心から相手を歓迎する気持ちのほうが大切ということですが、これはまさにおもてなしの心です。最も大切にすべきことはモノや技術でなく、心であるという意味です。私もライフスタイルデザイナーとして心に刻んでいます。（図1―20）

このような茶にまつわる言葉をみれば、かつて暮らしの中でいかに茶が身近なものだったかが分かります。

図1―20

手作り栗羊羹と煎茶で秋のおもてなし
ラ・フランスをそえて

「朝茶は七里帰っても飲め」「朝茶は福が増す」どちらも、朝一番にお茶を飲むことが幸福を呼ぶので、ぜひ習慣にしなさいということです。

先人は、朝茶を飲むことでエネルギーをチャージして気持ちも新たに一日をスタートしたのでしょう。なるほど、朝茶を飲むためには余裕を持って起床し、しっかり朝食を摂るべきことも暗示しています。「一日の計は朝にあり！」です。 私たち現代人にとっても、朝は大切にするべき時間です。

また、物事のルールにそって美しく調和がとれていることを「茶になっている」と言うそうですが、それに対して無粋で無作法、無風流で不調和なことを「無茶」とか「滅茶」と言うのです。「滅茶苦茶」とか「無茶苦茶」という言葉はここからきていて、作法に沿わず勝手に入れたお茶は苦く台無しになるという意味から生まれた言葉です。物事の手順は踏みなさいということですね。

最近は使わないようですが、簡単にできてしまうことを、「お茶の子さいさい」と言ったものです。「お茶の子」とは元来茶と共に頂く簡単な食べ物のこと。「さいさい」とはリズムをとる言葉で特に意味はありません。

農家では畑仕事をする時、朝食前に摂る軽食を指したようで、簡単に作れる、食べられる、という意味から生まれた表現です。しかし、機械化が進んだことで、集落をあげて共に仕事をする習慣もなくなりつつあることから、この表現は近いうちに全く使われなくなってしまうでしょう。

これらの表現から、茶はかつて日本人の暮らしに深く関わり、日常からハレの時まで欠かせないものであったことが分かります。今でも暮らしに生かしたい大切なことがたくさん見つけられます。言葉は生きものですから、今後は、ペットボトルの茶からうまれる格言も登場するかもしれません。それが時代を反映した、なるほどと頷ける格言なら面白いですね。

❖ 美しく、美味しく、心地よい「間合い」を生むもの

茶道と煎茶道は喫茶を芸術の域まで高めた哲学であり美学、世界に誇れる日本伝統文化の美意識の根幹です。

海外でも注目され、国を超えて世界中で tea ceremony masters がたくさん生まれ、日本の美と精神が各国に広がっています。

また、インバウンドの波の中で、外国人観光客にも日本茶人気が高まり、茶を通して日本と世界、伝統と革新が結ばれ、相互作用で織りなす茶の世界が今後どのように魅力的に発展していくか楽しみです。

明治時代後半以降、一つの食卓やちゃぶ台を家族全員で囲み、会話をしながら共食する一家団欒が重視されるようになります。日常生活の中心は食卓のある空間となりました。そこは、食堂であり、居間であり、客間でもあり、「茶を中心に人々が絶妙な心地よい間合いを取る場」として「茶の間」と名付けられたのではないかと私は思っています。茶は文字通り日常茶飯の身近なものでした。茶を介して人々を結び、癒しと喜びと和みを運んだのです。

ところが現在、茶の間はダイニングルームと名を変え、茶よりコーヒーや紅茶を飲む機会が増え、日常茶飯という表現も影が薄くなってしまいました。

私が子供の頃の日常の食卓風景には、いつも茶がありました。母は新聞を読む父の横で、使い慣れた急須から父の湯呑茶碗にさりげなくお茶を注いでいました。湯呑の茶が減ると、良いタイミングで、すぐ熱い茶を注ぎ足すのです。

今では急須と湯飲み茶碗がない家も珍しくないようです。悲しいことに急須の売れゆきはめっきり減っています。

茶とはペットボトル入りの好きなブランド茶を自販機やコンビニで各々買うもの、キャップの開閉だけでいつでもどこでも好きなように飲めるとても便利なものとなりました。

例えば、椅子とテーブルのリビングダイニングスペースで、買ってきたパックを開けただけの中食《なかしょく》※を食べ、ペットボトルの緑茶や、コーヒー、紅茶を飲むだけでは、味気なく感じます。

茶がとりもつ人とモノ、人と人のとの絶妙な間合いの感性は、日本人の受け継いできた心くばりや優しさだったのだろうと思います。少々オールドファッションな私には懐かしさもあり、密かに〝茶の間文化〟を今も支持しているのです。

※販売されている調理済み食品、総菜を購入して家庭内で食べること。外食と内食《うちしょく》（家庭で食材を料理して食事をとること）の中間に位置づけられることからこう呼ばれる。

❖　利便性が生む新たな豊かさは…

ペットボトル緑茶の販売は１９９０年伊藤園により始まりました。当時はペットボトル緑茶販売には高いハードルがありました。

それは、透明ボトルは光や酵素の影響を受け、濁りと劣化が進みやすいという弱点です。濁りができない緑茶の開発には大きな苦労があったのです。が、ついに！　いつまでも限りなく透明でおいしいペットボトルの茶作りに成功した伊藤園は、「ナチュラルクリア製法」で１９９６年に特許を取っています。

２０００年には、そのまま温めることができるペットボトル緑茶も販売されました。さらにリアル感を追求し、あえて急須で入れた茶の濁りと旨みを再現した商品、抹茶入り煎茶といった商品も出ています。最近は〝おいしく飲んで健康に〟というトクホ（特定保健用食品）の緑茶も人気のようです。

次々と新製品開発がしのぎを削る中で、もう一歩リアル感を加えて、茶葉のかけらと茎茶入りも発売されれば、昔よく言われた「茶柱が立つと縁起が良い」の言葉も生きてくるかもしれないなぁと、思います。

「茶柱が立つと良い」という言葉は、茶摘みから始まるすべての工程が手作業だった頃、まれに茎が混じることがあり、その茎が急須の口から出てくるのはもっと稀で、茶碗の中でその茎が立っているのは非常に稀あることから言われるようになったようです。地方によっては「茶柱が立つと子ができる」、「良き来客がある」とも言いました。ちなみに茶柱が立つと、左手で茶碗を持ち右手で摘み取り袂《たもと》に入れると良いとのことですが、着物を着ることも稀な今、さてその茶柱、どこに入れましょうか。

人間は無いものねだりですね。利便性と時短を追求し便利になると、手間と時間をかけることが〝ささやかな贅沢〟となりました。そこで、例えばペットボトルの茶ではなく、時には湯呑茶碗を用意し、急須でゆったりとお茶を入れてみるのはなかなかの贅沢です。夫婦茶碗をそろえるのも良いものです。色柄が同じでサイズ違いのセットを使うのは日本だけの文化なのです。これは性差別ではなく、手の大きさの違う男女がそれぞれ持ちやすいようにと考えられた、思いやりと心くばりから生まれたものです。

急須から茶を注ぐ音、湯飲みを手に持った時の器の感触と熱い茶から伝わる温かさ。器の肌に映える茶の色合いと香り。大切な人と一緒に味わえば、豊かな時間が生まれそうです。

❖ 茶は南方の嘉木也

茶の歴史を振り返りましょう。茶は中国で紀元前2700年ごろに誕生したとされています。

中国南部の雲南省に大きな茶の樹が自生しており、その葉を薬として口にしたことが始まりとされていますが、伝説では神農という頭に二つの角のある半牛半人の医薬と農業を司る神が、茶の葉には解毒作用があることを発見し、食べたといわれています。その苦さから当時は苦い味の植物を指す「茶、(「と」もしくは「た」と読む)と記していました。それから2500年ほど後の漢の時代には、嗜好品として飲まれるようになりました。

今では世界中に広がった茶ですが、その読み方で伝承の経路が分かります。広東語ではCHA、福建語ではTEです。広東から陸路で伝わった日本を始め、ロシア・モンゴル・チベットではCHA、一方、福建省アモイから海路で渡ったヨーロッパの国々ではTE or TEAと呼ばれています。

❖ 日本に渡った茶の木

日本に茶を伝えたのは、唐時代に修行のために渡った最澄や空海といった僧侶たちです。彼らにとって茶は薬であり、修行中の眠気覚ましであったのです。

当時の茶は黒いレンガのような固まりで、団茶とか餅茶《へいちゃ》と呼ばれ、運搬・保管にも便利で、必要な量を削り煎じて飲むものでした。「良薬口に苦し」の言葉通り、強い苦みが効能であると信じられていたのでしょう。大変貴重な茶は、僧侶、貴族といった一部の人々だけが口にできる特別なものでした。

茶の功労者として忘れられないのは栄西禅師です。彼は平安時代に2度中国に渡り、帰国後臨済宗の総本山である建仁寺を建てています。

彼が学んだのは宋時代で、茶の生産地であった現在の浙江省に滞在し、2度目の帰国時に茶を持ち帰ったのです。栄西は茶のすばらしさに感銘を受け、茶のバイブルといわれる唐時代陸羽が著した『茶経』も手にしていたことでしょう。帰国後には、「茶は養生の仙薬なり。延齢の妙術なり」で始まる『喫茶養生記』を著しています。

持ち帰った茶の木を栄西が始めに植えたのは、平安末期の１１９１年佐賀県平戸市の芦の浦ともいわれていますが、諸説ありよくわかっていません。

私は２０１６年２月、栄西が茶を植えたというその地を訪れましたが、今では千光寺と呼ばれています。当時は冨春庵といい境内の小さな空き地が茶園でした。ひっそりとしたその地を訪れる人はなく、石碑があるだけでした。周りには木々が繁茂していましたが、当時は玄界灘を一望できる高台だったのでしょう。私の眼下に広がる深青の海は吸い込まれるように美しい色でした。栄西はここに立ち、この海のはるか向こうには、自らが学んだ大陸があるのだ、と感慨を深くしたに違いないと思いました。（図1－21、22）

図1—21　千光寺

臨済宗の発祥の地

図1—22

日本茶畑発祥の地とされる冨春庵跡

❖ 宇治茶の誕生

栄西が持ち帰ったこの茶の木から採った種を明恵上人が栂尾の高山寺に植え、再びその木の種を宇治に蒔いたことが宇治茶の始まりです。

当時の茶は茶葉を蒸して粉砕にした抹茶の原型で、鎌倉時代から南北朝時代になっても茶は、僧侶と上流階級だけの特別なものでした。貴族や武士たちは社交のツールとしても茶を嗜みます。やがて安土桃山時代には、村田珠光がわび茶を創出し、続く武野紹鴎、千利休らにより、茶の湯文化が体系付けられ確立します。

茶の湯に使われる抹茶の最高級品と認められるのは宇治で作られた茶だけでした。宇治茶は、足利義満に続き豊臣秀吉の庇護で覆下栽培《おおいしたさいばい》※も始まり、名実共にブランド茶となりました。最高級茶である宇治茶を扱う茶商は茶師と呼ばれ、その顧客は大名、豪商という錚々たる人物ばかりだったのです。

※新芽の生育中に遮光資材（黒カンレイシャなど）で覆うことで、芳香・甘味豊かな茶を栽培する方法。現在この栽培で作られるものは、かぶせ茶・玉露・碾茶である。

❖ 手間なく湯を注ぐだけの茶は煎茶の始まり

今では最も一般的に飲まれている煎茶ですが、江戸時代初期まで存在していません。

その誕生は１６５４年、中国福建省南部出身で黄檗山萬福寺の開創者である隠元禅師の茶の飲み方を真似ることから始まりました。禅師の名から分かるように、日本に隠元豆を伝えたことで有名ですが、加えて蓮根・西瓜・タケノコ・木魚・普茶料理ももたらした人物です。

当時中国で唯一、彼の故郷だけは釜炒りした茶葉を揉み、直接急須に入れ熱湯を注ぐスピーディーな茶の飲み方をしていました。その手間なしの美味しい茶が煎茶の始まりです。そして、隠元は煎茶道の開祖となりました。しかし当時の煎茶は釜炒りですから、緑色ではなく茶色だったのです。

この萬福寺の僧侶であり、煎茶を語るとき忘れられない人物がいます。私はその人物の生き方にとても惹かれるのです。隠元の煎茶趣味を習得した彼は、60歳を過ぎて京の町に下り、その時々の気持ちに任せ、鴨川辺りの様々な場所に移動喫茶店を出しました。そこに、茶で心に清らかな風を生む、の意味である「清風」の幟を立て、「タダより安くはまけられませんよ」の一筆を置き、客の判断に任せて代金を頂くのです。心静かに心を尽くして茶を入れ、客と向き合い茶の道を愉しむその人物とは、売茶翁高遊外です。できることなら彼の煎茶を一度味わってみたいです。心を解き放った真に自由な彼の生き方にCoolな日本人の姿を見るのです。

現在も黄檗山萬福寺では普茶料理を食すことができます。私も生徒さんたちと何度も訪れています。

普茶とは「普《あまね》く衆人に茶を施す」の意味で、茶による接待のことです。もちろん精進料理ですが、炒め物、揚げ物も多くボリュームたっぷりです。もどき料理と呼ばれる肉や魚を模した料理は本

1―23　万福寺

1-24　普茶料理

かば焼きもどき料理

1-25　普茶料理

野菜料理の盛り合わせ筆羹（シュンカン）

1-26　普茶料理

酢の物　季節を表現した料理など　浸菜（シンツァイ）

物そっくりです。僧侶といえども、本当は魚肉を口にしたかったのでしょうね。（図1-23、24、25、26）

普茶では、座卓を多数で囲み、大皿から料理を取り分け、自由に会話を楽しみながらにぎやかに食すことが、食事マナーです。食を共にする者に上下の隔てを持たないのです。

ここに大陸的な大らかさを感じます。普茶料理は後に、和華蘭《わからん》料理の別名を持つ長崎の卓袱料理にも影響を与えています。

❖ 緑茶の誕生

現在の緑茶は、江戸中期に誕生します。

緑茶は現在の永谷園のルーツとなる人物である宇治の永谷宗円により考案されました。

これまでの茶は散茶、碾茶、茶色の煎茶でしたが、彼は、上質の宇治抹茶作りに、粉砕せず揉捻する工程を加え、試行錯誤の末「青製煎茶製法」を生み出したのです。その新しい茶をまず京で多くの茶人に紹介したのですが人気が出ず、1738年にその販売を江戸の茶商である山本嘉兵衛に任せます。嘉兵衛が「天下一」の名前で売り出したところ、江戸で火が付き、その味・香りが評判となったのです。やがて、裕福な上流階級のステイタスシンボルとして人気商品となります。これが今では最も一般的な日本茶となった緑茶煎茶の誕生でした。

ちなみにこの人物、山本嘉兵衛とは1690（元禄3）年創業の山本山（現在の株式会社山本山）の四代目当主です。その後、六代目山本嘉兵衛は緑茶をもとに玉露を作り、日本中に広がっていくのです。

しかし一般の人々の間で茶が普及するのはずっと後で、江戸時代の浮世絵にも登場する茶屋の美人看板娘たちが客に出しているのは、煎茶ではなく白湯が多かったのです。当時は茶よりむしろB級レベルの酒のほうが安く、庶民には親しまれていたくらいですから。

❖ 新茶は何より特別なもの

江戸時代には毎年、幕府に宇治の新茶が献上されていました。いわゆる宇治―江戸間の御茶壺道中です。1613年に始まり、1637年には制度化しました。

道中は、毎年立春から百日目の日に、採茶師が空っぽの茶壺とともに東海道経由で江戸から宇治を目指します。宇治では、茶師筆頭の上林家が最高級碾茶を茶壺に詰めます。その茶壺を、京に運び、中山道を通り土用の2日前に江戸に到着するという運びです。

その間、市中には「御物御茶壺出行無之うちは新茶出すべからず」と高札が掲げられ、この道中が終わらなければ、庶民は誰も新茶を決して口にできませんでした。

この御茶壺道中は、将軍通行に匹敵する高格な権威あるものでした。大名行列すら道を開けたほどでしたから、庶民には恐ろしいほど緊張する行列でした。

『ずいずいずっころばし』のわらべ歌はその様子を謡ったもので、「茶壺に追われてどっぴんしゃん♪」とは、御茶壺道中がやって来た！家の扉を素早くきっちり閉め、まんじりともせず通り過ぎるのをじっと待っていよう、という意味で、「抜けたらどんどこしょ♪」は、やれやれ行ってしまった、ホッとしたョ。ということなのです。

この長い道中の間、茶に何かあっては大変です。何より毒を入れられることを恐れ、将軍と君主の毒殺を防ぐために、道中では誰にも開けられないように茶壺は厳重に封印し、茶入れ袋の結びは茶道役人ひとりだけが知る独自の結び方としていました。それは「封じ結び」と呼ばれ、誰に教わることも教えることもなかった結びなのです。

御茶壺道中は江戸幕府終焉とともに幕を閉じ、封じ結びも消え去り、幻の結びとして伝説となりました。しかし、袋の結びは茶道の結びとして、その美しい装飾性と相手を尊び思いやる礼の心で今に生き続けているのです。

私たちの日常でも、結びとは単にものを結ぶ、くくるということ以上に、結ぶことで心を込め、心を伝え、心を繋ぐ、目に見えない思いや願いが宿ることを意味しています。ですから、ちょっとしたプレゼントをリボンや水引で結ぶだけでも、美しく見える上に、ありがとう、おめでとう、を伝えることが出来るステキな仕掛けなのです。そこには謙虚さを持った尊敬と愛情という日本の古から大切にされてきた美しい心もそっと宿しているのです。

❖ 杉山彦三郎という人

日本各地にはおいしい茶の産地がたくさんあります。その中で生産量が最も多いのは静岡です。

私は東海道新幹線で東京・大阪間を行き来するたび、静岡の南向き斜面に広がる茶畑を車窓から見るのを楽しみにしています。陽に照らされツヤツヤと深緑色に輝くその景色には、いつも心癒され、力を頂いています。

静岡茶の歴史も古く、十三世紀に僧侶である聖一国師（円爾）が、自分の生誕地に茶の木を植えたことに始まります。

明治時代には輸出品としての茶生産を一手に引き受けていました。当時生産量を上げることに皆が注目する中で、より丈夫で香味の優れた茶の木を作ろうと品種改良に力を注ぐ人物がいました。杉山彦三郎です。彼は研究に情熱を傾け、全財産を失ってしまいましたが、それでも信念を貫き、生涯を通して、百種に及ぶ品種を世に送り出しました。その中で、現在も全国で最も多く栽培されている丈夫で味の良い優良品種があります。その品種とは、誰でも名前は聞いたことがある「やぶ北」です。現在の茶の多くは、彼の努力と成果で生まれたこの品種を改良したものです。杉山本人が「やぶ北」の隆盛を見ることなく1941（昭和16）年に亡くなったことはとても残念なことです。

❖ 茶摘みから製品造りまで

茶はツバキ科ツバキ属カメリア・シネンシスという年中青々とした葉を保った常緑照葉樹です。年間平均気温が13℃前後、降水量が1500㎜以上が栽培の適地とされています。

冬は茶にとって静かに過ごす時期です。最も寒い時期には肥料を与え、寒さをしのぎ霜害を防ぐための防霜ファンを回します。茶畑の中に設置された小型風力発電プロペラのようなものが防霜用ファンです。4月になれば新芽が出てきますから、再び肥料を与え成長を促します。

茶摘みは雑節の一つである八十八夜を目安に行われます。八十八夜とは、立春から88日目にあたる日で、どんな年もこの頃になると霜が降りることがまずないと言われており、夏への準備をする日とされてきました。

「夏も近～づく八十八夜♪」という歌い出しで始まる唱歌の題名はまさしく『茶摘み』ですが、この頃に、若くみずみずしい新芽とその下の2葉から4葉を一緒に摘んだものを、一番茶とか新茶と呼びます。甘味と旨味が多いのは、テアニンというアミノ酸が豊富だからです。

その後、畑には肥料を与え、殺虫剤を噴霧し、6月から7月には二番茶、8月には三番茶を摘みます。ここで一年の収穫を終えるのです。

摘み取られた直後の茶葉は、まだ呼吸をしているため熱を持っています。そこで湿度の高い空気を吹きかけ、鮮やかな色と香りを損なわないようすぐに冷やし、続いて熱風をかけながら揉み、細く撚り、乾燥させ味と香りを閉じ込めます。これを荒茶と呼びます。荒茶は形状別に分別し、それぞれに適した時間で火入れ乾燥し、再びブレンドして製品とします。

深蒸しといわれる製品は、蒸す工程時間が長いもので、色とコクは強く、香りは淡い茶に仕上がります。

茶といえば、その実から油を搾り、食用にした「茶ノ実油」という商品があります。ぐるなびイッピンのサイトでキュレーターをしている私のお薦め商品として、レシピも紹介した記事を掲載していますのでご覧ください。

❖ 茶の効能

古くは茶は僧侶たちの眠気覚ましに使われていましたが、それはカフェイン効果からです。意外かも知れませんが、カフェインは甘味豊かな一番茶に最も多く、三番茶には最も少ないのです。

しかし、二番茶、三番茶になるとタンニンという渋み成分が多くなります。カテキンはその成分の一部ですが、細菌の繁殖を抑える力があり、風邪のウイルスや虫歯菌にも効果が期待できるため、お茶でうがいすると良いとよく言われるのです。また、体脂肪の増加を抑え、血糖上昇抑制し、老化スピードを緩やかにする力もあるとされます。また、1日1gのカテキン摂取でガンの発生も抑制できるとの研究結果もあります。

先人たちが言うように茶は薬として位置づけることも可能かもしれません。

効能に特化するなら、抹茶を飲むこと、そして茶葉を料理やお菓子に使い食べること、つまり浸出液ではなく葉そのものを食べることが効果的とされています。私は、抽出後の煎茶葉を刻んでドレッシングに入れたり、てんぷらの衣に混ぜたり、ケーキ・クッキー・アイスクリームに入れたり、振りかけたりして使っています。もっとも手軽にはアイスグリーンティーをサイダーで割ったり、お酒好きなら焼酎のお茶割りもおすすめです。（22頁　A—6参照）

❖ 茶殻も大切な原料に

ペットボトルの茶などの製品化に伴い、大量の茶殻が廃棄物として残ります。そこでその茶殻を役に立てるリサイクル製品が様々作られています。sustainableな循環社会を目指す今では当然の流れですが、面白いものもあります。さて、どんな製品があるか、茶の特性や効果から想像してみて下さい。茶の抗菌力や消臭力を利用するのです。

例えば、畳の芯にするボードに茶殻を配合したものが作られています。和室ではイグサの感覚を楽しむように裸足で自由に歩いたり、寝転んだりするので、菌の繁殖を抑えたり、臭いを防いだりできればありがたいです。茶殻入り屋内向けタイルもあります。

これらを使えば茶殻クリーンエコハウスが実現しますね。

また、紙原料に配合し、資源を削減するダンボールや弁当容器、紙ナプキンもあります。樹脂に茶殻を配合した、お茶入りベンチ・折りたたみイス・ボールペン・枕の中のビーズ・靴の中敷きインソールなど、人にも環境にも優しく安心な茶は、多方面に利用され商品化されています。

長い時間の流れの中で紡がれてきたcoolな茶の世界。茶が創造してきた豊かな物語は、未来に向かう私たちが創る新しい物語と結ばれ、その彩りを増すでしょう。

これからも、茶は人とモノの間合いをとるものであり、私たちの人生のおいしい相棒であってほしいものです。

六章　大根

どんな味にも染まる名脇役

数ある野菜のなかで生産、消費ともに長らくNO・1の座を維持しているのは大根です。この章では、野菜の王様といえる大根の豊かな世界を探訪しましょう。

❖ 大根とは

まず大根の自己紹介からです。

私は大根、アブラナ科ダイコン属です。ツヤのある白い姿が広く知られていますが、皮の色は赤、緑、紫、黄、黒などバリエーションがありますので、味と共に色も楽しみ、食卓を彩ってくださると嬉しいです。大根として知られる私の名前は、他にもいろいろあります。蘿蔔、清白、涼白、菘代などと書き、どれも「スズシロ」と読みます。最も古い名前は「於保禰」で、『日本書紀』にも記されておりますが、これは「おほね」と読んでください。この「おほね」を「大根」と書くようになり、「おほね」からやがて「だいこん」と呼ばれるようになりました。その時期は室町時代からだろうといわれていますが、諸説あります。

私と日本人の関係は古く、古墳時代には既に食され、江戸時代には日常野菜として広く親しまれておりました。しかし、日本原産ではなく、海外からやって来たのです。原産地ははるか西方の地中海地域から中東です。

私は、華々しい主役ではありませんが、名脇役だと褒めて頂けることもあり、大変光栄に思っています。その評価の理由は、どのように調理しても美味しく、どんな食材とも相性がよく、主張し過ぎることがないからです。生でも、煮ても、焼いても、揚げても、炒めても良し、干しても漬けても美味しいです。和洋中すべてに合うのが自慢です。

もちろん捨てるところなしです。葉も皮もおいしく食べられ、栄養価も高いですので、すべて使い切って下さい。

どこでも育ちやすく、交配が容易なため、地域ごとに地大根が多くあり、現在では、百種以上あります。一年を通し、すべての季節に収穫できる品種があるため、価格は年中安定しています。古くは安定的な収穫が見込めることから、食糧難を救う野菜として大いに活躍していました。

江戸時代には最も日常的な野菜となり、沢庵漬けをはじめとして、保存食としても活躍し、江戸の浮世絵にも描かれています。当時の日本橋は、町人、旅人に混じって、酒・米・魚を運ぶ人々でごった返していました。よく見ると大根を天秤棒で担ぐ棒手振りがい

ます。お江戸でも、私は身近な食品として欠かせないものでした。（図2−1）

事実、江戸市中では、大根は日常によく食す三つの代表的な白い食品として「米」、「豆腐」と肩を並べていた「江戸三白」の一つでした。

図2—1

江戸八景　日本橋の晴嵐　渓斎栄泉　日本橋は行き交う人びとがごった返すキャピタルセンター。さて、大根売りの棒手振りはどこ?

味の素食の文化センター所蔵

❖ 大根のルーツ

自己紹介はこのぐらいにして、大根の原産地とルーツをみていきましょう。

原産地は地中海から中東とされています。原産地域でも、大根は大切な野菜の一つでした。

文献や記録に残るものとして古代エジプトでは、ラファヌス（raphanus）と呼ばれ、栄養価の高いスタミナ野菜と認識されていました。また薬草としての効能も信じられており、ピラミッド作りの労働者には、ニンニク、玉ねぎと共に配給されたと記されています。

古代ギリシャ、古代ローマでも広く食されていました。大根の効能から薬草として金の容器に入れ、神殿に奉納したともいわれています。

古代ローマではラディキュラ（radicula）と呼ばれ、根を意味するラディックス(radix)から名付けられており、英語の radish の語源です。

これらの地域から日本へ伝わったルートは大きく二つあるとされ、それぞれのルートによって伝えられた大根の種類が違います。

❖ 日本への道

大根ロードの一つは北ルートです。中央アジア、ロシア、モンゴル、チベット、中国東北部、韓国を経て、日本に伝来しました。北ルートからやって来た大根は華北系大根で、サイズは大きめ、肉質は硬く厚く、色も様々なものがあり、生食や漬物に向くとされている品種です。

もう一方は南ルートです。中東、インド、東南アジア、中国南部から西南部、そして日本に伝わりました。こちらは華南系大根と言われ、細長く小さめのサイズで肉質柔らかく汁が多いので、煮物に向く品種です。

これらの大根は日本に上陸後、交配を繰り返し、土地ごとの環境や土壌によって、それぞれに進化し、様々な地大根が生まれていったのです。

❖ 日本に根付いた大根

大根は、このように日本原産ではなく、舶来の外国生まれの野菜ですが、日本にしっかりと根付き、伝統野菜の一つに数えられています。そのため、古くから「大根」に纏わる歌やことわざがたくさんあります。

まず四世紀の仁徳天皇のエピソードからご紹介しましょう。

第十六代 仁徳天皇は、現在の大阪中央区にある難波高津宮に都をおいていました。天皇は、皇后である磐之媛に歌を詠んでいます。その中に大根の文字を見つけられます。

「つきねふ山城女《やましろめ》の木鍬《きくわ》持ち打ちし大根《おおね》根白《ねじろ》の白腕《しろただむき》 枕かずけばこそ知らずとも言わめ」

歴史では、天皇は移り気で多情、皇后は嫉妬深き人、とされています。

若い女性に次々と心を向ける天皇に失望した皇后は、別に住まいを構えていました。そんなある日、皇后のもとを訪れた天皇は、愛し合っていた昔を思い出し、再び共に暮らそうと詠っています。

どんなにロマンティックに愛を伝えているのかと思うでしょうが、この歌の中では、大根のような腕という表現があり、えっ!? 大根のようなってそんなに太いって言ってるの? と現代女性はビックリしてしまいます。

歌の中の「山城女」とは皇后のことであり、彼女が木の鍬を使って育てた大根のように白く美しいほっそりした腕で私と寄り添った仲ではないですか。という歌です。情熱的な天皇のこの歌も、皇后の心を溶かすことはできず、再び共に暮らすことも、天皇を許すこともなかったようですこの愛の歌から、当時は大根を食料として栽培していること、その大根は白く細い美しい姿だったこと、という二つの事実が分かります。

この歌の大根は、南ルートから伝えられた華南大根系だったのかもしれません。たとえ華北系であったとしても、当時のものは品種改良されておらず、ほっそりとしていたのでしょう。立派な太い大根の登場は江戸時代後半になってからのことなのです。

❖ 大根にまつわる言葉

では、私たちにも耳なじみのある大根を使った言葉として、さて何があるでしょう。

例えば「大根役者」。何をやってもあたらない役者を指して言う言葉ですが、大根はどうやって食べても食あたりしないからだという訳です。確かに食あたりどころか、消化酵素のお陰で整腸作用がありますから納得です。

一説には、大根おろしのようにすぐ役を下ろされるとか、玄人の黒に対して、素人の白から、プロになり切れないことを指すともいわれます。

今では使われることがないですが、大根にまつわることわざもたくさんありますから、そのいくつかをご紹介しましょう。

「大根は短気が摺ると辛くなる」

早く摺ろうとして力を込めて乱暴に摺ると辛くなり、ゆっくりそっと大根を摺ると甘いというわけですが、本当かしら?と思いきや、今ではこのことわざが正しいと科学的に証明されています。より乱暴に摺ったほうが細胞破壊によって、細胞中の辛み成分シニグリンが多く出てきて、酵素ミロシナーゼの働きでシニグリンがアリルイソチオシアネートに変化し辛みが増すのです。昔の人は経験からその事実を知っていたのですね。

「大根食ったら葉っぱ干せ」

大根の葉のようなものでも捨てずに干しておけば、まさかの時に役立つもの。味噌汁の具にしたり、ご飯に混ぜたりすれば美味しい上に栄養が豊富。つまらないものと決めつけて無駄にしてはいけないという意味です。なるほど、私たちも固定観念を捨て、柔軟な発想力と慎ましい心を忘れてはいけませんね。

「大根どきの医者いらず」

大根の収穫時期には皆が大根を食べるので、病人が出ず、病気の人も回復するということです。大根葉と根は共に、滋養分と解毒作用もがある万能薬という意味です。

古代エジプトでも薬草でありスタミナ野菜とされており、労働者に配給していたことは前記した通りです。

なるほど、刺身に大根のツマが必ず付いているのは、生の大根には豊富な消化酵素ジャスターゼと解毒を助ける成分があることに期待しての意味からなのです。やはり、ツマは生魚と一緒に食べたほうが良いのです。

近年では、大根の辛み成分イソチオシアネートには、抗がん作用があるのではないかと研究が進められていることからも、医者いらずの言葉は、あながち嘘ではないのかと思われます。

どのことわざを見ても、大根は身近でいつも暮らしと共にある野菜として食されてきたのです。

❖ 葉から根までおいしく

大根は緑黄色野菜でもあり、淡色野菜でもあります。緑黄色野菜とは、100g中にカロテン600μg以上含むもので、大根の葉の部分は緑黄色野菜、根は淡色野菜です。栄養豊富ですから、できるだけ根も葉もすべて食べたい野菜です。しかし、スーパーでは青々した葉付大根を目にすることは稀です。その理由は、葉はすぐしおれて傷む上に、根の部分の栄養や水分を吸い上げるためスが入り、味が落ちやすくなるためです。

根の部分というのは正確には、白い部分すべてではありません。地上に出ている上の部分は茎（胚軸《はいじく》）であり、地中にある部分は根です。ところが、きれいに洗われ、美しく陳列されたスーパーの大根では、どこまでが地中に入っていたかは、分かりにくいですね。そこで、表面にある小さなへこみに注目してください。へこみが並んでいる部分が根です。その凹みが一直線に並んでいるもののほうが辛みが少ないといわれています。

ちょっと注意して見ると、その凹みから小さなヒゲが出ていることがありますが、それは小さな根で、側根《そっこん》と呼びます。

大根は、部分によって味が違います。上部は甘味が強く、おろしに代表される生食に適しています。下部は辛みが強く、繊維が多いのですが、消化酵素であるジャスターゼが多いのです。ジャスターゼは熱に弱いため効果を期待するなら生食が望ましく、漬けものが最適なのです。

古くから言われている「煮中、漬け尻、生頭」のフレーズを覚えておくと便利です。

「江戸三白」の一つであった大根は、江戸時代の庶民の暮らしに欠かせない野菜でした。どこでも栽培でき、日常食材として、保存食として、節約おかず食材として、おおいに活躍していました。そこで、『大根一式秘密箱』、『諸国名産大根料理秘伝抄』の両著は1785（天明5）年に出版され、それ以降も大根料理レシピ本が複数冊出版されています。

『大根一式秘密箱』の序文には、「大根の生えないさともあらじ。はにふのすまゐにも香物つけぬ事もあるまじ。（中略）貴賤老若雅人鈍ぶつにすすむともよくもふさいだ口、あかぬもあらじ」とあります。

これは、「大根の生えない里はない。大根のお漬物を漬けないということもない。どんな人にも大根を勧めれば喜んでたべるだろう」という意味です。当時から、大根が日々欠かせぬ野菜であったことが分かります。

当時の人気料理のいくつかをご紹介しましょう。

まずは、大根料理の王道である煮物からご紹介します。

米のとぎ汁で下茹でした大根を、醤油・味醂・酒・塩でコトコト煮含め、食す時に青のり、粉山椒、柚の皮を振る、香り高くオツな一品の出来上がりです。寒い時期には、さっと煮た歯ごたえのある大根も、軟らかく中まで味の浸みた大根も、それぞれに美味しい味です。

同じく下茹でした大根を、出汁だけで柔らかくなるまで煮て、味噌ベースのタレをかけ、柚の皮をのせ、炒り胡麻を振る。こちらも親しみのある「風呂吹き大根」です。

この名の由来は諸説ありますが、次の説が主流です。

江戸時代の風呂は蒸し風呂に近いスタイルでした。湯船は湯屋の奥にあります。小さな湯船は、熱気を逃がさないため三方を壁で囲み、入り口は小さく、かがんで入ります。その入り口は柘榴口と言われ、天井から下がる立派な壁で装飾が施されていました。湯の量は少なく下半身が湯に浸かる程度で、体が温まり洗い場に出ると、「風呂吹き」という垢すりがいました。熱くなった体に息を吹きかけながら垢を落とすその姿が、熱い湯気の出る大根をフーフーと吹きながら冷まして食べる様子と重なるからこの名が付いたという訳です。

また、大根は安くて体によいことから「不老富貴《ふろふき》」とめでたい当て字をしたことからという説もあります。

これらの煮大根は、大ぶりに輪切りして調理しますが、『諸国名産大根料理秘伝抄』には、同じ煮大根でも面白いものがあります。その名は、「林巻大風呂吹《りんまきおおふろふき》大根」です。

輪切りした大根をかつら剥きにして、再び元の様に巻き戻すのです。これを林巻と呼び、同じように煮るのです。薄く剥いているのですぐに火が通ります。当時のスピード時短料理レシピという訳です。なるほど、ちょっとした切り方の工夫だけで、印象的な料理の出来上がりです。

もう一つ、とても cool なレシピをご紹介しましょう。それは「揚げ出し大根」です。

食材は大根だけです。まずは大根を胡麻油でじっくりと焦げ目が付くまで素揚げし、醤油をかけたら、大根おろしと粗挽き黒胡椒を振る、大根 on 大根の超シンプルレシピです。揚げることでコクと甘味を出し、生大根をおろして辛みを出し、さっぱりと食します。そして熱いものに冷たいものを組み合わせるという究極の洗練のレシピです。シンプルレシピのコツは上質の醤油を使うことです。黒胡椒を振るのも心憎いところです。

大根は加熱すると甘くなりますが、それは辛み成分がグリコースという糖に変わるためです。大根の甘みは辛みがあってこそ生まれるものなのです。

大根葉もおいしい食材です。葉を細かく切り、胡麻油で炒め、酒・醤油で味付けするだけの「炒り煮」も掲載されています。好みでちりめんじゃこや、鰹節、又は炒り胡麻を振ると一層おいしいです。私のお気に入りの一品です。葉には根の約五倍のビタミンCがあり、カルシウムも豊富ですから、葉が手に入ったら是非調理したいレシピの一つです。

どの料理も大根だけでできるとてもシンプルなものですが、大根の魅力を最大に生かしています。江戸のレシピは経済的で美味しい和食の基本。現代の食卓に再現しても喜ばれます。日々の料理は今もこのようにありたいものです。

❖ 私のオリジナル大根料理

ここで私のオリジナル大根料理レシピのいくつかもご紹介しましょう。

一つめは大根がメイン料理になる「大根のポークロールフライ」です。

皮を剥き、大きめに乱切りした大根の表面に小麦粉を振り、青紫蘇で巻き、豚肉薄切りで包み、水溶小麦粉、パン粉を付け、キツネ色にカラッと揚げます。大根は生で食せるので、衣と豚肉にしっかり火を通せばOKです。大根のシャキシャキした歯ごたえが残る程度の火の通し方が美味しいです。

盛り付けたら、マヨネーズに芥子を混ぜたものを少し飾り掛け、ポン酢をタレにして頂きます。（23頁　A―8参照）

皮こそとてもおいしいですから、剥いた皮は捨てません。「大根の皮のキンピラ」は、御飯のお供にはもちろん、最高に美味しい酒の肴です。

剥いた皮を半日ほど干し千切りにしたら、胡麻油で炒め、酒と醤油を絡めれば、シャキッとしたキンピラが出来上がります。柔らかい食感にしたいときは、出汁を少々加え、蓋をして蒸し煮にします。器に盛り付けたら、七味を振ります。

もう一品は「切干大根のアミューズグール」です。切り干し大根をさっと水で洗い、絞ります。そのままプレーンヨーグルトに漬け、1～2晩置いて戻します。食す時に市販のボイルミックスビーンズと和え、アクセントに粗挽き黒胡椒を一振りします。特に味付けはしませんが、干した大根の甘味と旨味がヨーグルトの酸味と調和し、豆の食感とのバランスも良く、美味しい酒の肴になります。気に入った器に盛り付けるとシャレています。白ワイン・シャンパン・甘口の日本酒とも相性が良いです。（23頁　A―9参照）

❖ 大根は名脇役 縁の下の力持ち

あまりに身近すぎて、改めてその存在を考えることが少ない大根ですが、大根はどう調理してもおいしい上、栄養価も高く、消化も助けてくれる、オールマイティーな野菜です。

大根役者どころか、どんな役まわりも上手くこなす名役者です。古く大陸から渡ってきて以来、どんな土地にも馴染み、それぞれの個性も発揮しながら健やかに育ち、地域ごとの地大根がたくさん生まれました。葉、茎、根、皮も捨てるところなし。保存食としても大活躍し、飢饉を救う非常食にもなり、日本人を支えてきました。

自己主張しない静かな存在、その豊かな包容力と柔軟性、変幻自在さから大根の人気は高く、食卓の名脇役として愛されてきました。

今では冬大根ばかりではなく、夏に旬を迎える大根も出回り、一年を通しておいしいものが安定的に手に入ります。また、その色は、白だけでなく、赤、緑、ピンク、黒、紫、オレンジなど、カラフルなものも登場し、目に美しく料理を引き立ててくれます。フレンチ、イタリアンにも登場する洒落た野菜の仲間入りも果たしたのです。

今日も私たちの食卓を支えてくれている魅力あふれる縁の下の力持ち！　大根はとても Cool な伝統美味食材なのです。

七章

豆腐

白くやわらかい万能食品

白く柔らかい豆腐は、そのままでも、様々な調理法でも美味しく食せるため、古くから人々に食されてきた伝統食材です。この身近な食品の知られざる魅力的な世界を探訪していきましょう。

❖ とうふの名前は……

「豆腐」の名称は、中国で965年の『清異録』に初めて記されたとされています。その漢字「豆」とは大豆を指します。「腐」とはどういう意味でしょうか。腐さった大豆とは聞き捨てなりませんが、「腐」の漢字は、柔らかく弾力性があるもの、白くどろどろしたものを意味するという説があります。豆腐とは、「大豆の汁を固めてできた柔らかく弾力性があるもの」と理解できます。

他にどんな漢字で表現されているでしょう。

「豆冨」「豆富」は当て字です。「腐」の字を嫌い、「富」もしくは「冨」を当てたようです。確かにこれらの漢字なら、豊かで美味しそうなイメージにつながります。

「豆富」は元禄時代（1688～1704年）に「根ぎし笹乃雪」という店の当主が表記したのが始まりとされています。

また「豆府」は、研ぎ澄まされた感性の持ち主として知られた小説家の泉鏡花が「腐」の文字を嫌い「府」を使ったということです。

そして、日本で最も古い漢字ではないかとされている「唐付」は、平安時代末期1183年の春日若宮の神主の日記に記述が見つけられます。

では、とうふの別名をご存知でしょうか。「かべ」「おかべ」「しろもの」「もみじ」などです。

「かべ」（壁）「しろもの」（白物）はその姿と色から名付けられ、「おかべ」は女房詞です。

では「もみじ」はなぜそう呼ぶのでしょうか。後ほどお話ししましょう。

このところの日本ブームも手伝って、国際的に注目される豆腐は、低カロリー、高たんぱくの健康食品の一つとして高い評価を得ています。欧米では深刻な社会問題となっている肥満と生活習慣病の予防に良いと注目され、「tofu」で十分通じるほどその存在は知られています。

豆腐は、中国、朝鮮半島、台湾、ベトナム、カンボジア、タイ、ミャンマー、インドネシアなどのアジア地域の伝統的な大豆加工食品です。その味や硬さなどは国により違い、日本の豆腐は最も白く柔らかく繊細な味と食感を誇っています。

しかし、日本の豆腐を地域ごとに詳しく見てみると、沖縄の島豆腐※をはじめとして、福島のつと豆腐※、岐阜のいぶり豆腐※など郷土色豊かなものが多くあります。

※島豆腐　一丁約500gの大きくしっかりと堅い豆腐。

※つと豆腐　豆腐を細長く切り、ワラで包み塩を加え、熱湯で20分ほど煮たもの。島根、山口、九州一体にも、ワラで包み、茹でたり、味付けて煮たりしたものがあり、そぼ豆腐と呼ばれている。

※いぶり豆腐　木綿豆腐を一昼夜味噌漬けにし、煙で燻したもの。

❖豆腐の作り方

日本の豆腐は何からどのように作られているのでしょう。主な材料は、大豆、水、にがりです。

大豆の品質を吟味することはもちろんですが、水がおいしさの鍵です。豆腐の水分量は約90％前後もあるのですから、当然といえば当然です。名水の湧く地にはおいしい豆腐ありです。水質の良い日本ならではの伝統食品と言い換えることもできるのです。

ですから、老舗豆腐屋の多くは、創業から使っている井戸を持ち、その良質の湧き水を大切に守っています。水は軟水が良く、柔らかくなめらかで甘味のあるうまい豆腐作りに欠かせないものとなっているのです。

伝統的な豆腐作りは、大豆を一晩水に浸けて、石臼で少量の水を少しずつ加えながら挽き、なめらかにクリーム状にすりつぶします。これを「呉」と呼びます。正確には「生呉」、これを漉した汁が「生搾りの豆乳」、搾りカスがおからです。「生呉」を煮たものは「煮呉」で、これを漉すと「煮搾りの豆乳」です。

煮るとかなり泡立つため、古くは油に石灰を加えたものを振り入れ、泡を消していました。現在では消泡剤を加えます。グリセリン脂肪酸エステルやシリコーン樹脂です。

消泡した汁を布で漉し、にがりを加え、木杓子でゆっくり混ぜると固まります。これが「寄せ豆腐」です。

おぼろ状の塊を崩し、布を敷いた穴開きの型に入れ、蓋をして重りをのせ水気を切ったものが「木綿豆腐」です。

煮呉ににがりを加え、そのまま固めると「絹ごし豆腐」です。こちらは、水分量が多いため、よりなめらかな仕上がりです。

豆腐を固めるために使うにがりの主成分は塩化マグネシウムです。古くは塩田で海水から塩を作るときできる副産物である天然のにがりを使っていました。現在では海外の岩塩採掘場で出たものも本にがりと表示していますが、硫酸カルシウム、硫酸マグネシウム、グルコノデルタラクトンを使うのが一般的です。豆腐のパッケージに表記されています。

家庭でも案外簡単に手作り豆腐はできます。市販の無調整豆乳を温め、市販のにがりを混ぜモロモロになってくれば、ガーゼのような布を敷いたザルに移し水分を切ると手作り豆腐ができます。豆乳の種類により固まり具合が違うので分量は明記しませんが、手作りする楽しさに加え、一味違う特別感がプラスされたおいしい豆腐ができる喜びがあります。

❖ 市販豆腐の主な種類

買い物に行くと市販の豆腐の種類の多さに驚きませんか。豆腐コーナーに鎮座するたくさんの豆腐の中から一つ選ぶとなると、まず木綿、絹ごしといった種類、価格とサイズを確認し、表示された原材料が気になり、パッケージデザインと商品名にも購買意欲をそそられてしばし立ち止まることになります。つまり「選択のパラドクス」※に陥るのです。

※選択肢が増えすぎると、人は自由にものを選べなくなるという Sheena Iyenger（コロンビア大学ビジネススクール教授）の理論

市販の主なものは、木綿、絹ごし、ソフト、充填の四種類です。

ソフト豆腐は、絹ごしとして固めたものを木綿豆腐型に入れて加圧したもので、木綿と絹ごしの中間となる豆腐です。

充填豆腐は、豆乳ににがりを加え、合成樹脂製の型に流し入れ、90℃で40～50分加熱し、冷やしたものです。長期間保存可能で流通に便利な豆腐です。

豆腐を作るときに出る廃棄物？であるおからは、安いうえに食物繊維を多く含む、とてもおいしい食材です。別名は、卯《う》の花、雪花菜《きらず》です。私は常備食として、時々おからを利用します。しかし現在では市場販売は僅かで、おからの約90％は廃棄されています。もったいないことです。

おからの美味しさと野菜の甘味のハーモニーを楽しめる一品を紹介しましょう。コンニャク、人参、蓮根、エノキなど、冷蔵庫にある野菜類を細かく切ったものをゴマ油で炒め、さらにおからを入れて炒り、出汁、酒、醤油で薄味を付けて煮て味をなじませます。汁気がなくなれば、仕上げに溶き卵を掻き入れ、葱をたっぷり加えれば出来上がりです。私は野菜の甘味を楽しみたいので、砂糖を加えません。

身近な食材を組み合わせて作るありふれた日々のおかずには、

ほっとするおいしさがあり、暮らしに欠かせない心の栄養であり、安定剤でもあると思います。

❖ 江戸料理は豆腐から

日本で始めて豆腐が食べられたのは、奈良時代から平安時代のことです。遣唐使が中国から伝えたことからだといわれています。前記したように日本で記された最も古いとうふの漢字は、「唐付」ではないかと言われています。まさに唐から伝えられたものという意味でしょう。

始めは僧侶の食べものでしたが、やがて鎌倉・室町時代には武士にも普及していきました。

江戸時代中期にもなると、広く庶民に親しまれる食べ物となりました。『豆腐百珍』という百種におよぶ豆腐料理レシピ集がベストセラーになったことも、一気に人気食材にのぼり詰めた理由の一つのようです。

この本は1782（天明2）年、大坂で醒狂道人何必醇《すいきょうどうなんかひつじゅん》が著しました。このヘンテコな名前は戯号と呼ばれる、戯れにつけたペンネームで、曽谷学川《そたにがくせん》という篆刻家が書いたとされています。きっとユーモアたっぷりの個性的な人物だったのではないかと想像します。

この本は評判を呼び、続いて「続品」、「余禄」が発表され、時代のブームとなったことから、その後コンニャク、さつま芋、卵などの「百珍もの」も次々登場しました。（本書「蒟蒻の章」をご参照下さい）

本の中では、豆腐料理を尋常品、通品、佳品、奇品、妙品、絶品の六段階に分類しています。最もすぐれた料理は絶品に名を連ねます。見た目の美しさに加え、豆腐本来の味を最大限に表現した料理です。どんな料理があったのでしょうか。

そこには、文句なしのSimple is best.のレシピ料理の代表である湯奴の名前がありました。なるほど、誰にでも簡単にできることも絶品の理由のようです。

尋常品とは、日常的に料理するもので、木の芽田楽や飛竜頭などとあります。

通品は、すぐ作れる簡単スピード料理を指し、レシピを載せるまでもない冷ややっこや、焼き豆腐などです。

佳品は、見た目のキレイな料理。例えば今出川豆腐という料理もその一つで、鰹と昆布でとった出汁で煮て醤油で味付けし、葛でとろみをつけクルミを振ったものです。

奇品は、ひときわ変わったものを指します。例えば、シジミもどきという料理は、炒り豆腐をさっと素揚げし醤油と酒で味付けたものです。出来上がりが煮シジミのように見えたことからこの名前があります。佃煮風の酒のあてになりそうな一品ですよね。
妙品は、形・味ともに奇品より優れているもので、例えば酒と塩でじっくり煮込みゴマ油で表面を焼いた光悦豆腐の名も見つけられます。（図2―2）
百種にのぼる豆腐料理の中で当時とても人気があったのは、絶品の項目に名を連ねていた八杯豆腐でした。その名の通り、醤油1杯、酒1杯、だし汁6杯、計8杯の汁で薄切り豆腐を煮て、大根おろしで食べるものです。きっと寒い日に火鉢の上に小鍋を乗せて、熱々の八杯豆腐を肴に一杯という庶民も少なくなかったのだろうと想像できます。大根おろしの辛味と相まって、ご飯とも酒とも相性も良しの一品だったのでしょう。

図2―2

花遊びの図　国貞　桜の下で宴の料理を準備する女性たち。
味の素食の文化センター所蔵

江戸時代、豆腐は庶民に親しみ深い食材でした。安価でおいしく栄養価も高く、千変万化の便利食材。当時はスーパーマーケットがあるわけではないですから、棒手振りが「豆腐～♪」と謡いながら天秤棒の両端に「おかべ」と書いた桶を、バランスよくぶら下げ、売りに来てくれるのでした。顔なじみになれば、売り手との会話もはずみ、時にはちょっとおまけもしてもらえたかもしれません。スーパー、コンビニでの利便性の高い買い物では味わえない、〝買い物コミュニケーション〟がありました。

買い物の醍醐味は、商品取得そのものだけではなく、誰からどのように商品を買うのか、売り手とのやりとりにもあるのです。コミュニケーションによる購買満足度は大きいですから、江戸の棒手振りは、対面販売の優れた商法といえるでしょう。

当時の豆腐料理はバリエーション豊かでした。しかし、多種多様な調味料はありませんでした。砂糖は高価なもので広く普及していないため甘い味付けはなく、酒を煎り付けるなどで旨みとコクを出していました。刺激的なスパイシーな味、肉を加えたり、油こってりのガッツリ系の料理もありません。そのため現代人にとっては、これらの江戸料理は「美味しそう〜！」よりむしろ「ヘルシーな低カロリー料理」としての印象が強いのではないでしょうか。それは、この２〜３００年ほどで日本人の食が劇的に変化し、〝刺激的なおいしいもの〟が溢れ、十二分に食べ過ぎている？のが理由かもしれません。（図２−３）

図2―3

豆腐田楽を作る美人　歌川豊国　つつじが美しく咲く頃、三美人が庭で豆腐田楽を調理している。豆腐を切る人、運ぶ人と忙しい。串に刺した豆腐とタレを置く棚も見える。　　味の素食の文化センター所蔵

❖ 純正豆腐は？

さて、日本での食料自給率については40％以下と言われています。様々な考え方があり、調査機関によって数値も違いますが、中でも豆腐の主材料である大豆の自給率は非常に低く、約7％です。豆腐用大豆の主な輸入国はアメリカに続いてカナダですが、納豆、豆腐などの加工品により適する大豆品種が違うため、その輸入先産地は異なります。

つまり、よほどこだわらない限り、私たちが口にする市販豆腐はほぼ輸入大豆からできているということになります。国産大豆使用豆腐は、しっかりとパッケージに表示されていますが、何パーセント使用かも確認すると良いでしょう。ちなみに豆腐1丁（３００g）には77〜90gほどの大豆が必要です。

ちなみに、「国内産大豆使用」や「遺伝子組み換えでない」については細かいガイドラインに則った表示が義務付けられています。

中でも遺伝子組み換えでない無農薬栽培国産大豆１００％豆腐は、付加価値、価格共に非常に高いですが、栄養的に見てもタンパク質・脂質ともに豊富で、味と

香りも豊かです。万一手に入ったら、大豆本来の味を湯豆腐や冷ややっこで味わうのもよいですね。良質の国産大豆だけで作られた豆腐は、豆臭さがなく、コクはたっぷりとあるのにサラッとしていて、心地よい甘味が追いかけてくるようにスッと体に溶けていくような感覚だと私は感じています。

湯豆腐にするなら味を引き立てるのに忘れたくないのは一切れの昆布です。

というのも、湯豆腐に入れた昆布が旨みの理由だと気が付いた池田菊苗は、1907（明治40）年、昆布からうま味成分のL-グルタミン酸ナトリウムを発見したのですから、湯豆腐に昆布は鉄板の組み合わせ。豆腐のうま味を最大限に引き出す間違いなしのコンビネーションなのです。（本書「昆布の章」参照下さい）

❖ 豆腐小僧

最初に紹介した豆腐の別名の一つである「もみじ」の由来とされる二説をご紹介しましょう。

まず一説は、豆腐作りの型箱の底にある水を切るための穴の形からというものです。かつて、その形は、もみじの葉に似ていたからもみじと名付けられた、という説です。

「もみじ」のもう一つの説には、かわいい小僧が関連しています。その名は豆腐小僧。江戸時代に生まれた子供妖怪のキャラクターです。1775年〜1806年の間に出版された草双紙、黄表紙本、怪談本に登場しています。

鳥取県境港市の水木しげるロードには、豆腐小僧のブロンズ像があります。機会があればご覧になってみてください。

妖怪小僧の着ている着物の柄は、春駒・達磨・ミミズク・振り太鼓・赤魚といった縁起物の柄や格子柄です。小僧は、町のあちこちに豆腐を届ける小間使いの子供で、大きな頭に竹の傘をかぶり、手にはしっかりと四角い大きな豆腐を持っています。雨の夜などに出てきて「豆腐を食べてみて」とすすめるのですが、特に悪さをするわけではなく、お人好しで気弱です。父は妖怪界の総大将である見越入道、母はろくろっ首とされているエリート家系？ですが、恐ろしくも強くもないちょっとカワイイ豆腐小僧です。

豆腐にはもみじのマークがはいっています。もみじは、紅葉と書いて「こうよう」と読みます。そこから「かうよう」（買うよう）にかけたシャレという説です。ここから豆腐をもみじと呼ぶというのです。

さて、二説のどちらが真実でしょう。それとも、どちらも作り話でしょうか？　他説もあるのかもしれません。豆腐の世界も奥が深いです。

❖ 何色にも染まる豆腐の力

ご存知の通り豆腐は、今も昔も日本人の美と健康の強い味方。精進料理には欠かせない良質の植物性タンパク質豊富な食品です。木綿豆腐1丁・３００gに平均20・4g前後のたんぱく質が含まれています。同じ量を卵の含有量に置き換えると3･5個分、豚肉なら１２４g 食べないと摂取できません。卵も豚肉も動物性たんぱく質ですから、飽和脂肪酸の比率が高く、コレステロールを含みますが、豆腐は不飽和脂肪酸のリノール酸・レシチンが多く、悪玉コレステロール値を下げる効果が期待できます。

日本人と豆腐は、千年以上のお付き合いです。豆腐は個性を主張し過ぎず、どのようにも姿と味を変え、どの時代にも日本人の舌を楽しませてきた包容力、順応性ともに豊かな栄養バランスのとれた Cool Japan な食品です。

私は冷ややっこ、湯豆腐、味噌汁の具、田楽はもちろん、中華のマーボー豆腐、洋風の豆腐ステーキ、マヨネーズやヨーグルトの代わりにドレッシングに加えたり、ケーキにも混ぜ込み使います。

濃厚で滑らかな絹ごし豆腐はよく冷やしておき、パックから出してそのまま黒蜜・きな粉・生クリームをかけ、季節のフルーツを添えた和風デザートにして〝30秒クッキング?〟の夏にピッタリのスイーツとしてお客様にも喜んで頂いています。

清らかな軟水と上質の大豆とにがりを原料に、日本の海と山の恵みが融合してできた日本の豆腐。海外でもヘルシーフードとして名を上げています。これからも、変わらず私たちの食生活を豊かに支えてほしいと願っています。

（23頁　図A－10、11、12、13）

八章

蒟蒻

世界へ羽ばたく個性派ダイエットフード！

蒟蒻は伝統食材として日本人の食生活を支えてきたのですが、とにかくその存在が地味で、スポットライトがあたることは稀でした。「蒟蒻の日」があるのをご存知でしょうか。まさに「こんにゃく」の音からの語呂合わせで、5月29日です。では早速蒟蒻に光を当て、その世界を探訪していきましょう！

❖ヘルシーな蒟蒻とレシピ

皆さんは、蒟蒻はお好きですか。取り立てて好きとか、嫌いとか考えることもないほど脇役かもしれません。しかし、極めてヘルシーな、毎日食べたい食品なのです。まず、１００gが約7㎉とてもローカロリーで、水溶性食物繊維が豊富、コレステロール値を下げ、食後血糖値の急上昇を抑えるといわれるアルカリ性食品です。腸内環境を整え、食品添加物なども体外に出すデトックス効果も期待できる優等生なのです。

さて、蒟蒻料理といえば何があるでしょうか。エッ!?　急に聞かれても……と、今ならまずネット検索しようかな?　となるところですが、かつて料理本に頼ったのは江戸時代の庶民です。人気だったのは、いわゆる百珍もの。日常の食材の様々なレシピを紹介した本です。実は蒟蒻版もあったのです。その名は『蒟蒻百珍』。作者は嗜蒻陳人（しにゃくちんじん）という面白い雅号、つまりペンネームの人物です。出版は１８４３年、発行所は江戸日本橋と大坂心斎橋とされています。つまり、江戸後期には、蒟蒻は一般的な食品の一つとして全国の庶民の食卓によくのぼっていたのです。

ここで『蒟蒻百珍』に掲載された料理とそのレシピのいくつかをご紹介しましょう。

隠しがらし＝板蒟蒻三つ切り、中割り唐辛子粉入れ蓋する
あられ＝小角切り、良く振り回すを揚げ、酢醤油、生姜、大根おろし
水無月＝茹で小豆と混ぜ合わせ、型に入れる、つかひかた好み次第
田楽　＝好み大きさ串にさし、みそに焼きめつくを、木の芽、番椒よし
紅梅　＝薄切りうめ酢につけ、色よくなる
氷室　＝砂糖かけたるよし、夏よく冷やしギヤマンふた物よし
高砂　＝茹で糸こんよく搾り飯のうへに盛り出す、かやく、陳皮、おろし大根、生姜

料理名も調理法と味付けも興味深く、読んでいるとなかなか面

白いです。中には、今でも食卓を彩れるものもありそうです。

❖ 植物としての蒟蒻は……

蒟蒻の材料は、蒟蒻という植物の丸い地下茎部分で、コンニャク芋、こんにゃく玉ともいわれるものです。

蒟蒻は、オモダカ目、サトイモ科の植物で、原産地はインド、もしくはベトナム付近とされています。

蒟蒻芋を長年食用としてきたのは、日本の他には、中国、ミャンマー、韓国などですが、日本以外の国々では、一部の地域や部族だけに食されてきただけなのです。

現在世界で生産されている蒟蒻芋の9割以上は日本で消費されているそうです。コンニャクを日常的に食べるのは、日本人だけのようです。

このようにアジア地域だけで知られてきた蒟蒻ですから、欧米では近年まで親しみがなく、食用ではありませんでした。英語ではなかなかの名前が付いています。それは、elephant foot, devil's tongueです。どう考えても、美味しそうには思えませんね。

蒟蒻の地下茎が蒟蒻芋ですが、地上には葉だけを出します。茎のように見える地上部分は葉がしっかり巻き付いたもので、その上部だけが広がり、葉として認知できるのです。花は、約五年に一度しか咲きませんが、花が咲くときは、葉は出ないか枯れてしまいます。花の色は黒褐色か黒紫、花の形はカラーの花のようですが、何となく食虫植物を思わせます。その上、花はとても臭いのです。なるほど、それがdevil's tongueと言われる理由なのです。（図2―4、5）

この蒟蒻の仲間には、世界最大の花を咲かせる燭台大蒟蒻があります。インドネシアの熱帯雨林に自生するその花は、7年に1度、それもたった2日間しか咲かないというのです。その大きさには驚きます。高さ3メートル、直径1・5メートルという巨大さなのです。

図2―4

蒟蒻の花
出典:群馬県農業技術センター

図2—5

蒟蒻の植物体
出典:群馬県農業技術センター

その大きさに加え、開花時の匂いがとても臭いのです。その匂いで、虫を呼び寄せ受粉するのだそうですが、その姿から「お化け蒟蒻」、その匂いから「死体花」の別名があるのです。

このように蒟蒻という植物は注目に値する、かなりの個性派の植物のようです。

❖漢字が表す蒟蒻の意味

ここで蒟蒻の漢字について少しお話しします。「蒟蒻」の漢字にはどちらも草冠が付いているので、草類であることを示しています。「蒟」は丸い形を意味します。「蒻」はしなやか、柔らかいを意味しますから、蒟蒻とは、丸くて柔らかい芋をつける植物と分かります。

ちなみに「弱」という漢字は、弓に飾りを付けた状態を示し、儀礼用の弓のため実戦用のものより弓力がよわく劣ることを意味します。弱の漢字にさんずい偏を付けると、水に弱いことを意味して、おぼれる（溺れる）となります。魚偏なら、いわし（鰯）です。弱い魚と書きますが、確かに大きな群れになって行動して、身を守っています。捕獲すると、ウロコがはがれやすく、鮮度が落ちやすいので、確かに弱い魚かもしれません。（本書「秋刀魚と鰯の章」をご参照下さい）女偏なら、たおやか（嫋やか）です。嫋やかとは、しなやかで優しい様を言いますが、現代の嫋やかな女性たちは、弱さよりむしろ強さを併せ持っているのではないだろうか、と思います。女偏に強いと書いてたおやかと読むのが、現代らしいのではないでしょうか。漢字にはそれぞれ意味があり、それらを紐解くと、言葉の成り立ちや意味が分かり、面白いものですね。

❖蒟蒻の歴史は……

では、日本における食品としての蒟蒻を探検していきましょう。

蒟蒻芋の原産地は東南アジアと前記しましたが、日本へ伝えられたルートと時代には諸説あります。そのうち有力とされる3説を紹介すると、

一、縄文時代に、東南アジアから中国を経て日本に伝えられた。

二、大和時代に、薬として朝鮮半島から日本に伝えられた。

三、奈良時代に、仏教とともに伝えられた。

これらの説から、蒟蒻は中国か朝鮮半島を経由して日本にやって来たことは確かのようです。

中国では、現在の四川省、古く「蜀」と呼ばれていた地域で食されており、「魔芋」と呼ばれていました。平安時代の『倭名類聚鈔』には、中国では、蒟蒻芋を擂り、灰汁で煮ると固まり、苦酒（酢のことのようです）をつけて食べると珍味である、と記されています。

平安時代の日本では、蒟蒻は「古爾也久」、もしくは「古迩夜久」と書き、「こにやく」と読んだと記録があります。鎌倉時代には、「こにやく」の名は、発音しやすい「こんにゃく」に変化していくのですが、平安時代中期に記された『拾遺和歌集』には、「野を見れば春めきにけり青葛こにやくままし若菜摘むべく」の歌があり、その頃には既に蒟蒻が栽培されていたこと、その季節は春と分かります。

鎌倉時代には、蒟蒻は仏教とも強く結びつき、精進料理の食材として広がり始めます。

中国料理の槽鶏《そうけい》という糀粕に漬けた鶏肉を蒸した料理を、日本では蒟蒻で代用し、精進料理として登場しています。蒟蒻の味噌煮である日本の槽鶏は、おでんの元祖だといわれています。

江戸時代中期の『和漢三才図絵』には、「蒟蒻は腹中の土砂を下ろし、呼吸器病を治する功あり」と、その効能も記されています。しかし、その芋は、生ではとても食べられない代物で、えぐみがひどく、口に入れるとヒリヒリするといいます。動物たちはよく知っていて、ネズミもイノシシも食べない芋です。『和漢三才図絵』には、「生の蒟蒻には毒あり、鼠これを食して死に至るをもって知るべし」とあることはその証です。やはりdevil's tongue、悪魔の舌といわれる芋なのです。

古くは、蒟蒻作りにはかなり手間がかかりました。最も伝統的な生蒟蒻の作り方は、芋の皮を剥き、すりつぶし、石灰を混ぜ固め、1時間ほど煮てアク抜きをして作るのです。とても手間がかかる作業である上、出来上がった蒟蒻は日持ちしません。その上、蒟蒻はずっしりとかなり重いため、一度にたくさん運搬できません。そこで、蒟蒻は生産地周辺のごく限られた地域で、芋の収穫時期である秋から冬にだけ食せる〝季節地域限定食品〟だったのです。

❖ 蒟蒻作りの大発明

こんな蒟蒻を、大きく変えたのが１７７６年の大発明です。その人物とは、常陸の国・現在の茨城県大宮市の農民であった藤右衛門でした。

彼は、保存ができ、運搬に便利な方法はないかと考え、蒟蒻芋を粉にすることを思いつきます。試行錯誤の末、彼が32歳の時に製粉に成功したのです。発明までに18年間を要したとのことですから、14歳の頃には既にこのアイデアを持っていたことになります。粉にすることで〝いつでも、どこにでも運べ、いつでも、どこでも食べられる蒟蒻〟へと変わっていくのです。

図2—6

中島神社　蒟蒻神社

出典:太子町観光協会

彼は水戸藩からその功績を認められ、１８０６年に苗字帯刀を許され、中島藤右衛門と名乗ります。彼の故郷である大子町《だいごまち》には、彼を蒟蒻の神として祀った蒟蒻神社があります。（図２—６）

藤右衛門が発明した製粉法による粉を「精粉《せいこ》」と言います。どのように作るのかを紹介しましょう。洗った芋の皮を剥き、５～６㎜ほどの厚さに切り、串刺しにして１週間ほど乾かします。それを搗いて、荒く粉状にします。上手く乾燥させるためにあらかじめ芋を薄くカットしておくのがコツです。この工程発見に至るのにかなりの時間を要したとのことです。

現在は、機械化されていますが、工程は江戸時代とほぼ変わっていないとのことです。

実は江戸時代の間、水戸藩は長らく財政難に喘ぎ、和紙、漆器、養蚕、陶器、養蜂、石採掘など様々な殖産に乗り出しています。それら多くの試みの中で江戸中期以降、蒟蒻生産だけは大成功しました。藤右衛門が発明した「精粉」を藩専売の特産品としたことで大きな財源を得ることができたのです。

藩は江戸に蒟蒻会所を設置し、その責任者を藤右衛門としました。大坂には、特約商人を置き、彼を通した商売だけを許可するのです。このように、東と西に主要ステーションを設け、水戸藩からだけ独占的に蒟蒻を全国に発信していく仕組みをつくったのです。

もちろん、藩内で蒟蒻栽培をする農家も豪農となり、蒟蒻大尽と呼ばれ、豊かな富を手にしたのです。

❖ もう一つの大発明

1776年に発明された「精粉」は1851年にさらに質の良い粉に改良されています。これは、益子金蔵という人物によるもので、蒟蒻の歴史上のもう一つの発明です。

金蔵は、乾燥した荒粉を水車で搗いて「精粉」にする際、舞い上がる細かい粉が不純物であることに気付いたのです。そこで、この粉をあおり飛ばす板を、杵に取り付けるという新たな発明をしました。不純物は「飛粉《とびこ》」といい、粉全体の40％ほどで、この作業で残った60％分の「精粉」は、ほぼグルコマンナンだけの純度の高い粉というわけです。

蒟蒻は97％ほどが水分なので、良質の多量の精粉を専売していた水戸藩は莫大な収入を得ることができたことは明らかです。同時に、江戸末期には、全国各地に流通が可能となり、『蒟蒻百珍』も出版されるほど、身近な日常的な食品となった訳です。

❖ 幕末の蒟蒻

この頃、日本は維新を前に大きく揺れていました。ご存知のように1858年には、日米修好通商条約の締結、安政の大獄による処罰、家定の跡継ぎを水戸からではなく紀州から招き、慶福《よしとみ》を家茂として第十四代将軍としたことなどが相次いでおこります。これらの井伊直弼による方策に対し、水戸藩内では不満をつのらせる者も少なくなかったのです。その中心は、水戸藩内で水戸学という尊王思想に強い影響を与えた学派に属す者たちでした。

そしてとうとう、1860年3月3日の雪の舞う朝、水戸元藩士16名によって、江戸城桜田門外にて、井伊直弼を暗殺するという大事件が起こります。「桜田門外の変」です。藩士たちは、藩に迷惑をかけないように、事件の前に脱藩し浪士となっています。

襲撃後の彼らの逃亡資金は、当時のお金で、800万両以上と言われる莫大な金額であるとされています。その資金源は、蒟蒻大尽と呼ばれた豪農たちが蒟蒻で得た収入から流れたのではないかという説もあるのです。それほど、水戸藩の蒟蒻産業で得た利益は莫大だったのです。（「桜田門外の変」の他説は、本書「牛鍋とすき焼きの章」をご参照下さい）

❖ 全国に広がる蒟蒻作り

江戸時代、蒟蒻は水戸藩の専売でしたが、明治以降蒟蒻作りは全国に広がっていきました。中でも、火山灰土の水はけのよい平坦な群馬県は、機械を取り入れた近代的大規模栽培に好都合でした。これらのことから、群馬県が蒟蒻王国となるのです。

現在では、蒟蒻生産量の1位は群馬、続いて栃木、茨城、埼玉です。いずれも関東エリアの県ですが、２０１７年調べで、蒟蒻消費量をみると、これらのどの県も10位以内に入っていないのです。生産量と消費量が比例していないことは面白い点です。ちなみに消費量の多いのは、山形県、青森県をはじめとした東北地方に集中しているのです。

❖ 蒟蒻栽培から製品へ

蒟蒻作りは、芋から製品作りまで、大きく三つの工程からなります。それは、芋栽培をする「農家」、芋を粉にする「粉屋」、加工製造する「練り屋」です。

ではまず、「農家」のちょっとユニークな蒟蒻芋栽培について説明しましょう。

春になると、種イモとなる小指大ほどの「生子《きご》」という細長い芋を植え付けます。秋には「生子あがり」と呼ばれる小さなミカンほどの丸い芋になります。この芋の表面と芽の部分を傷つけないように丁寧に掘り出し、冬の間は13度以下にならない場所で保管します。蒟蒻は、寒さにも強い日差しにも弱い、デリケートな芋なのです。

図2―7

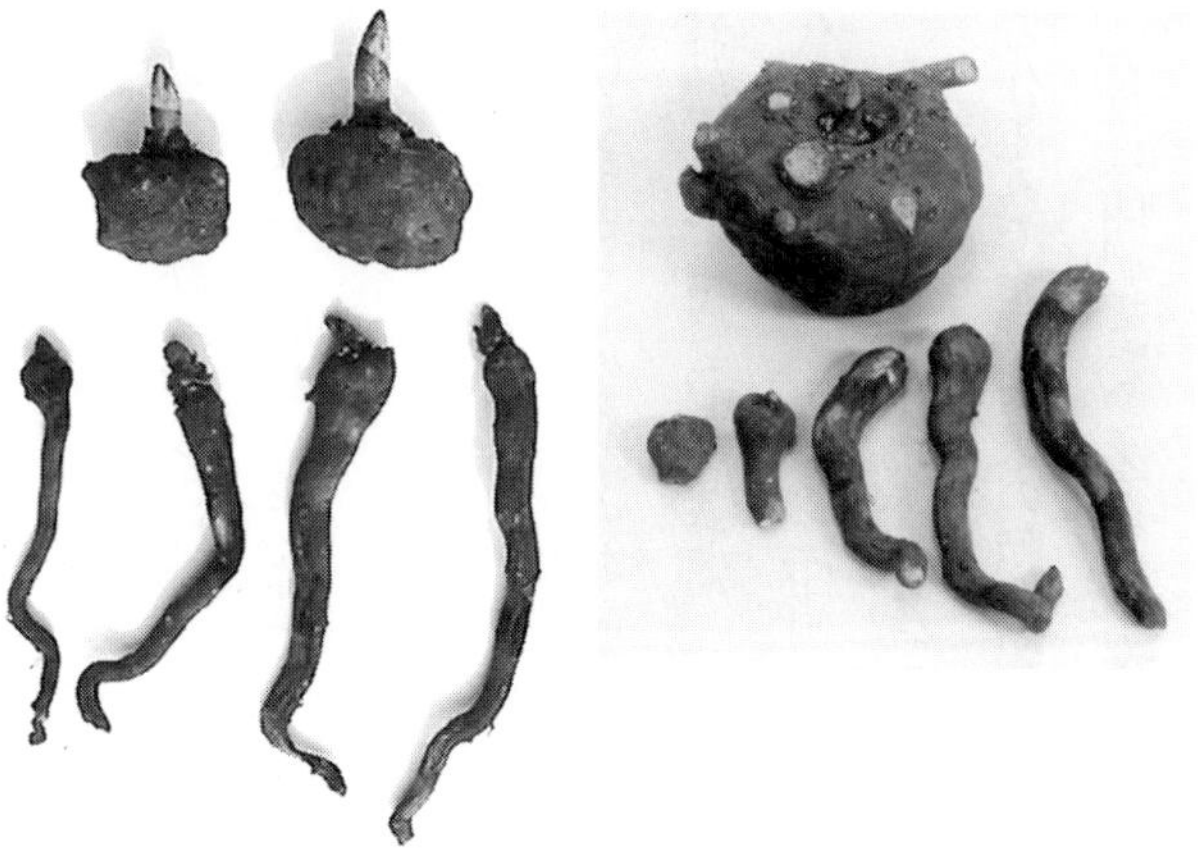

蒟蒻芋　下段が生子(きご)　上段あかぎ1年目　2年目　3年目

出典:群馬県農業技術センター

次の春には、この芋を再び植え、また秋に掘り出します。これを「二年玉」といい、前年と同じ条件の環境で保管し、また再び次の春に植えます。3年目には、どんぶり鉢ほどの大きさに成長します。「三年玉」と呼ばれる芋は、秋にやっと蒟蒻の材料として出荷されます。何度も植えたり掘り出したりを繰り返し、3年をかけ製品になる資格を得る蒟蒻芋なのです。ご苦労様です。（図2-7）

続いて、「粉屋」で蒟蒻芋は製粉にされ、最後に「練り屋」に運ばれます。粉にぬるま湯を加え混ぜ、ゲル状にし、水酸化カルシウムを湯で溶いた液を加え混ぜ、型に入れ固めると、プニプニの独特の食感と弾力性を持つ蒟蒻が出来上がります。

古くは手仕事で皮などが混ざることから蒟蒻は黒いものが普通でした。今では精粉の純度が高く、半透明の白い蒟蒻が出来ます。しかし、黒い方が蒟蒻らしく、美味しそうという声に応えて、アラメ、ヒジキなどの海藻粉末を加えて黒く着色しているのです。

❖ カラフルな蒟蒻たち

蒟蒻は、白・黒に加え、緑（青海苔やクロレラなどで着色）、赤もあります。

赤蒟蒻は、滋賀県近江八幡市の名物です。織田信長が派手な赤い蒟蒻を作るように命じ誕生したとも伝えられています。二酸化鉄を加えて着色した鮮やかな色は、料理を引き立てます。地元では、煮物に入れたり、刺身にして酢味噌で食べたりします。

❖ 食べない蒟蒻の力

ここまでは食品としての蒟蒻のお話をしてきましたが、その懐の広さは、食品だけでは終わりません。

明治時代には、蒟蒻板を使った印刷法が丸善株式会社より発表されます。濃いインクで書いた原稿を蒟蒻版に転写、それを紙に再転写する仕組みです。欧米の転写印刷を応用したものでした。一度に20～30枚は印刷でき、インクを洗い流すと何度でも使えることが利点でした。

また、蒟蒻糊は防水効果が高いため、傘、レインコート、気球にも使われれました。気球で空の旅なんてロマンがありますが、それは第二次世界大戦中に作られた風船爆弾です。

戦争末期、日本軍は戦地での惨敗が続き、国内では物資不足が著しく、攻撃用戦闘機を作ることができなくなっていました。そこで考えたのが風船爆弾です。正式名称は「気球爆弾・ふ号兵器」。

気球は和紙に蒟蒻糊を13回重ねて塗り、球形につぎ合わせ、出来上がりにグリセリンを塗りしなやかに仕上げたのです。気球には、爆弾と数個の焼夷弾を吊り下げ、砂袋の重りであるバラストを自動的に落としながら、高度500メートルで爆弾を投下する仕組みにしていました。1944年11月から1945年4月の6か月間に、アメリカ本土に向け、福島、茨木、千葉の3か所から偏西風に乗せて9300発を飛ばしています。そのうち1000発ほどがアメリカに到達しましたが、小さな山火事をいくつか起こしただけでした。1発は森の中の木に引っかかったものを、ピクニックで訪れた子どもたちが興味本位で触り、6人が死亡したとの記録が残るのみです。

気球の素材とした和紙と蒟蒻糊の組み合わせは、軽く丈夫でコストも安かった上、中に入れる水素の漏れ率は、ゴムの10分の1と、気密性がとても高かったと記録されています。

当時は、軍事目的に製造されたものですが、蒟蒻の特性である防水性、気密性を生かし、平和目的で暮らしを豊かにする、新たなものが実現するなら素晴らしいですね。

最も古い蒟蒻糊の使用法の一つとして紙子《かみこ》があります。厚手の和紙を蒟蒻糊で継ぎ合わせ、丹念に揉んで柔らかくしたものです。さらに柿渋を塗って丈夫に仕上げ、着物に仕立てます。

平安時代には、僧侶が着ていたという記録があります。

幸いなことに、今でも紙子を着た姿を目にできる機会があります。それは、奈良の東大寺二月堂での修二会の行事の時です。仏事のため僧侶たちは白い紙子を着ており、火の粉を被ったりするためボロボロになりますが、行事終了まで同じ紙子を着続けるそうです。

このように、蒟蒻は食用ばかりか、様々な分野で活躍してきたのです。

❖世界へ羽ばたく蒟蒻

蒟蒻は近年、ローカロリー食品として活躍中です。ご飯に混ぜて炊いたり、麺に混ぜ込んだり、デザートに使ったりと、多様な姿をみせています。

さらに、近年の日本食ブームも手伝い、世界的に注目され始めています。2、30年前には国際見本市などで懸命に蒟蒻を紹介しても、味がない、変な触感だと、気持ち悪がられ、devil's tongueの名前そのままの評価で、超不人気でした。しかし、今では自在に味付けできて、とてもローカロリーな点が注目され、ダイエットフードとして商品化が進んでいるのです。

特にしらたき・糸こんにゃくが人気で、パスタのようにトマト味、クリーム味など、好みの味付けで食べられています。細かく米粒のようにして、ピラフやパエリア風にする商品も出ています。

例えば、イタリアでは zen pasta の名前で、アメリカでは miracle noodle, shirataki noodle また豆腐を混ぜ込んだ tofu shirataki をはじめ、蒟蒻ハンバーグなども販売され、いくら食べても太らない!! と注目の食品です。フランスでは、野菜を練り込んで、目に美しくカラフルなレッド、オレンジ、グリーンの蒟蒻パスタも販売されています。もちろん、ゼリーなどのデザートとしても活躍中です。これらの食べ方は、日本に逆輸入されています。

一方で、本来の蒟蒻の伝統の味は、次世代に受け継いでいきたい食文化です。煮物やおばんざいとして毎日の食卓に蒟蒻を登場させましょう。

『蒟蒻百珍』にある江戸料理が食卓に登場すれば、次世代には新感覚料理として受け入れられるでしょうか。サロンでも伝統蒟蒻料理を紹介していきます。

蒟蒻は、これからも変幻自在に、私たちの食卓で、暮らしで、活躍してくれる Cool な愛すべき食材です。

❖ 個性派の魅力あふれる蒟蒻

蒟蒻芋は生で食べることはできません。蒟蒻の花は臭く、その姿は可憐でもなく、芋は少しでも傷つくと育ちません。毎年掘り返し、植え直しながら少しずつ大きく育て、出荷までに3年を要します。生食できない芋は加熱し灰を混ぜるとプルプルになり、独特に変身します。そして今ではローカロリーなヘルシーフードとして世界的にも注目され始めているのです。また、食品としてばかりか、防水効果などを生かせば、暮らしにも役立つものとなります。こんな魅力的な〝個性派・不思議ちゃん〟蒟蒻は cool な日本独自の食材なのです。（24頁　図A－14）

九章　秋刀魚と鰯

日本人に親しまれた大衆魚のヒミツ

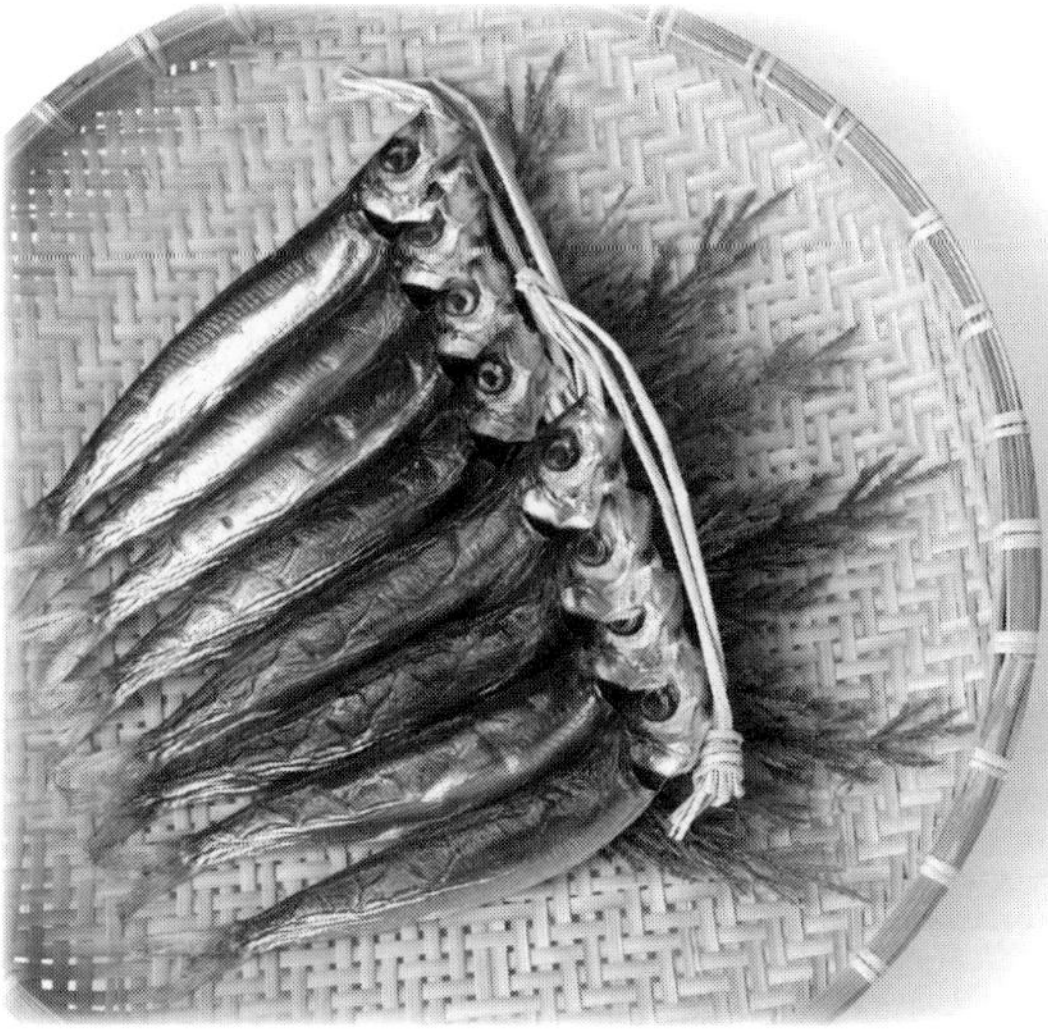

日本人に食されてきた魚の中で、最も身近であったのがサンマとイワシでしたが、案外知らないことが多いのではないでしょうか。

サンマとイワシは、古くから日本人とお付き合いがあり、かつては大衆魚といわれた共通点の多い魚です。しかし近年の自然環境の変化、日本人の食スタイルの変化に伴い、そのイメージと立ち位置を大きく変えたこれらの魚について探訪していきましょう。

❖ サンマの基本知識

まず、サンマは漢字では「秋刀魚」と書きます。秋に旬を迎える刀のような姿の魚という、文字通り、名は体を表す漢字です。しかしこれは、大正時代に登場したもので、もっと古くは「三摩」、「秋光魚」、「青串魚」と書いていました。他の漢字として「鰶」もあります。

例えば、明治の文豪、夏目漱石の『吾輩は猫である』にもサンマが登場しますが、どんな漢字だと思いますか。お読みになった方は思い出してみて下さい。そう、「三馬」です。猫が主人公だから、動物つながりで馬を当てたわけではないのですが… 一説には魚市場のセリでサンマのサの音が落ちてンマ、ウマと呼ぶことから、当て字として馬が使われたからもといわれています。しかし江戸時代末期の辞書には既に「三馬」が記されていますから、本当は古くから使われていたのかもしれません。

このように、漢字も色々ありますが、サンマの音《おん》の由来はどんなものでしょうか。諸説ありますが、有力なものとして二説あります。

一つは、狭いとか細いの意味から「さ」、そこに魚を意味する「ま」（真）をあわせて狭真魚と書き「さんま」と読ませたという説。

もう一つは、群れをなして泳ぐことから、大群を意味する「さわ」と、魚を意味する「ま」（真）を合わせて「さわま」と言い、やがて「さんま」と変化したという説です。

どちらにしても、その姿と生態から名付けられ、使われていくうちに発音しやすい言葉に変化したのです。

秋刀魚を分類するとダツ目サンマ科です。ダツ目の魚は他にトビウオ、サヨリなどですが、何とメダカも同じ種類に入ります。

サンマは英語では saury、ロシア語では saira、中国語では秋刀魚と書いて qiu dao yu と読みます。

実は秋刀魚は古くは「さいら」（佐伊羅魚）と言われており、紀伊半島を中心に方言として使われていました。

私は神戸育ちですが、幼い頃には毎日のように母に連れられて市場に買い物に行きました。魚屋には様々な魚が姿のまま並んでおり、母は顔見知りの威勢のいいおじさんに「今日は何がいいかしら」と話をして買った魚をその場でさばいてもらって持ち帰ったものでした。私は、しきりに水を掛けられツヤツヤと光るいろいろな魚を見ながら、時々手の届くところに鎮座する一匹をそっと触ってみたりしていました。ある時そっと一匹に指を伸ばしたところ「これはさいらだよ」とおじさんに教えられた記憶がありますから、関西ではかつて一般的にこの名前が使われていたのかもしれません。

この「さいら」からロシア語のsairaとなったと言われています。

まずは名前についてお話ししましたが、さて、秋刀魚ってどんな姿でしょう。想像しながらその特徴をよく思い出して描いてみましょう。

まず、秋刀魚の漢字が示すように、細長い姿で、成魚は35cmほどの長さになります。

新鮮な秋刀魚は、背の部分は青黒く艶と張りがあり、腹は銀白色に輝いてパリっと張りがあります。頭はコンパクトで小さく細長く、口はとがっていて上顎より下顎のほうが突き出しています。口先は少し黄色です。その色の鮮やかさが鮮度のバロメータです。

ヒレはどこにいくつあるでしょうか。エラの所に胸ビレがあり、背びれはかなり後方にあり小さめです。尻ビレも同じく後方です。これらの2つのヒレから尻尾までの間に6つぐらいの小さいギザギザした突起物のような小離鰭《しょうりき》と呼ばれるヒレがあります。

ウロコはありますが、かなり小さく剥がれやすいために市場に出る頃にはあまり残っていないようです。目はぱっちりと澄んでいて、エラは赤くみずみずしいものが新鮮です。

これらのポイントを押さえて描けましたか?

秋刀魚を秋には必ず食べている方も、案外細かくは見ていない、覚えていないのではないでしょうか。しっかり見ていると思い込んでいても、なかなか正確に描けません。見えていることと実際に見ていることは違うのだなぁと実感します。

❖ イワシの基礎知識

秋刀魚の事が少し分かったところで、今度はイワシについての基本知識を確認していきましょう。

イワシの分類はニシン目ニシン亜目の小魚です。

鰯の漢字から分かるように、捕獲すると腐りやすく弱い魚「弱し」からイワシと名付けられたとか、大衆的な魚であったことから「卑し」からイワシとか言われています。

他の漢字として「鰛」とも書き、奈良時代には3文字で「以和志」、「伊和志」とも書いていました。

日本でいう鰯には3種類あります。

一種類は真鰯、英語ではsardineです。オイルサーディンでよく耳慣れていますね。真鰯の別名は、関東ではナナツボシです。確かに体の中央に星の文様が七つほどあります。京都宮津では金樽、金太郎ともいわれます。古く宮中の女房詞では、御紫、紫といいました。紫とは鰯の背の部分の色からのようです。ロシア語ではイヴァーシ（Иваси）というのですが、日本語のイワシから付けられた名前です。

もう一種類は片口鰯です。目が頭の前方にあり、大きな口が頭の下面に付いており、下顎がかなり小さいため片口の名前があります。英語ではanchovyです。オイル漬けのアンチョビで耳慣れていますね。

三種類めは潤目鰯です。この名前は目がウルウルと潤っていることからです。目がチャームポイントのかわいい系です。その大きな目を刺して干され、めざしとして食べられてきました。英語ではround herringです。洋服の生地柄のヘリンボーン（herring bone）は魚の骨の形から名付けられていますが、単にherringというとニシンを指しますからherring boneは潤目鰯ではなくニシンの骨のことなのです。

イワシは成魚となっても体長が10～30㎝ほどと大きくはないですが、成長とともに名前が変わります。

最も小さい幼魚の時には「たつくち」、次に「小羽《こば》」、続いて「小中羽《こちゅうば》」、次に「中羽《ちゅうば》」と呼ばれ、18～20㎝になると「にたり」、そして「大羽《おおば》」となります。実は出世魚なのです

❖ 彼らの生活と水揚げについて

続いて彼らの生活についてお話ししましょう。

秋刀魚は、北太平洋全域の表層域に生息分布しており、その寿命は約1～2年です。黒潮周辺の海で生まれ、成長と共に北上します。夏頃には北海道近くに達し、寒流である親潮にのります。このあたりにはエサとなる動物性プランクトンが豊富なため、体にしっかり脂肪を蓄えます。千島列島のあたりまで北上すると、8月半ばから9月には南下し始めます。

日本では、8月中旬の秋刀魚の解禁を待って、漁がスタートします。続いて宮古、釜石、大船渡、気仙沼あたりで漁が行われます。秋刀魚は南下を続け、銚子あたりから産卵準備に入り、紀伊、四国沖で産卵します。

秋刀魚の漁獲法はまず、魚群探知機ソナーで魚群を的確に捉え漁場を見つけます。秋刀魚が群れを成し光に集まるという特徴的習性を利用して、漁は夜に行います。船体から外に向かって放射線状に多数設置された棒状集魚灯ライトで暗闇の海面を煌々と照らし、一網打尽にします。この方法は1940年代に始まり棒受網と呼ばれます。

大きな群れを見つければ、一晩に何トンも捕獲することが出来ます。しかし近年の漁獲量は劇的に減少しており、過去最低の水揚げ量を記録し続けています。

その原因は何でしょう。異常気象、それとも海洋汚染なのでしょうか。

実は日本近海にある公海に関係があります。公海とはどの国にも属さない海洋地域ですから、国籍を問わず漁が合法です。日本では自国の領海内で漁をしているため、秋刀魚が日本の領海に入ってくる前に他国が根こそぎ捕獲してしまっているのが現状です。それは、台湾、中国、韓国です。脂がのった旬の秋刀魚は近年、アジアを中心とした海外の人々の口にとても合う人気の魚のようで、乱獲状態となっているのです。台湾では現在、日本の漁獲高の何十倍も獲っており、海洋資源の枯渇や生態系のバランスの崩れも心配されています。

もはや日本人にとって秋刀魚が大衆魚という認識は過去完了となってしまったようです。

一方、鰯はどうでしょうか。同じように群れで回遊するため、日本各地で漁獲されてきました。鰯の旬は秋から冬と一般的にはいわれますが、列島が南北に長く、全国的に一年中漁獲されることから、地域によってその旬が少しずつずれています。産卵期は2～5月ですので、それ以外の時期が旬といえます。

鰯の大群がやってくる千葉、茨城など房総あたりは最好適地です。また三重、愛知、長崎、宮崎も水揚げ量が多い県として知られています。

実は鰯の水揚げ量には10年以上の周期で大きな波があり、その増減は激しいです。

例えば1970年から80年代にはマイワシバブルといわれるほど大量水揚げが続き、まさに大衆魚でした。ところが90年代以降水揚げは激減し、2010年までずっと低迷しています。特に2000～2010年にはピーク時の0･6％という数値です。この時期には一尾1200円という法外な値段が付いたという記録もあるほどです。こうなれば折り紙付きの高級魚です。
2019年の夏から秋は真鰯が好漁で、特に北海道では前年の3〜4倍獲れています。他の地域の水揚げ量も前年を上回る状況でした。今後も水揚げの変動はあるでしょう。

この乱高下の原因は他国の乱獲ではなく、regime shift によるものとされています。regime は体制やルールの事、shift は転換。つまり数十年の周期で起こる大気や海洋環境の変動を regime shift と呼び、鰯は特に海水温度の変化に対して影響を受けやすい魚といわれているのです。

鰯が回遊する日本近海の水温が低くなると、冷たいレジームとなり、水中プランクトンが増殖しエサが豊富になるため、鰯の数が増えます。反対に海水温度が高くなると、温かいレジームと呼ばれ、エサが減るため鰯の数も減ります。個体数は少ないですが、エサの取り合いが起こらず成長が早く、肉質が良く、味は良いと言い変えることもできます。

現在は温かいレジームの時期ですが、近年の漁獲高の中では増加傾向にあり、最少漁獲高の時期は脱していることから、近く冷たいレジームの期間がやってくると予測されていました。しかし、2018年には海水温がかなり上がり、漁獲高は減っています。

また、この数年は regime shift だけでは説明できない鰯の分布現象がみられるとのことですから、海洋、地球環境の新たなバランス変化が起こっているのかもしれません。

どうやら秋刀魚にとっても、鰯にとっても、今は生き難い時代になっているようです。

❖ 秋刀魚と日本人の長いお付き合い

では、歴史を振り返り、これらの魚と日本人の長〜いお付き合いについて見ていきましょう。まずは秋刀魚からです。

秋刀魚の大規模な漁の始まりは江戸時代初期、紀州熊野灘でのことでした。大漁であっても、このあたりの秋刀魚は、産卵前後のため、身がパサついて味の落ちたものでした。そこで、この地では古くから丸干しにして味を凝縮させた保存食としたのです。これをさらに干しよく乾燥させたものを「かんぴんたん」と呼び、地元の方によると、炙って裂いて、お茶漬けにするのが美味しいとのことです。お茶を含んで少し柔らかくなり噛めば噛むほどうま味が出る、いわゆる魚版ジャーキーのような感じでしょうか。同時にお茶に秋刀魚のうま味が染み出し、ご飯との相性も抜群のようです。

また、この辺りで生まれた稚魚を干したものは「針子《はりこ》」と呼びます。

やがて紀州の漁師たちは、よりおいしいサンマを求めて北へ渡り、千葉、房総で漁を始めます。ここで水揚げされた秋刀魚は江戸に運ばれました。当初は脂っこい魚は下品だとして、江戸っ子には人気薄でしたが、焼いて脂を落とし、大根おろしを添えて食すことで大衆魚として親しまれるようになっていきました。熱々焼き立て秋刀魚とちょっと辛味のある大根おろしのコンビネーションは今でも秋の人気料理の定番ですね。

❖ 鰯と日本人の長いお付き合い

では日本人と鰯とのお付き合いはどんなものでしょうか。

早くも奈良時代にはイワシの名前を文献に見つけることが出来ますが、長らく下賤な食べ物とされ、上流階級の人々が公に食べることはなかったようです。トレトレは格別に美味しいのに、もったいない話です。

そこで食用以外の使用法も生まれます。例えば鰯を煮てその身を絞り取った油を行燈に使い、搾りカスや鰯を干したものを、畑の肥料にしていました。油の搾りカスは「〆粕《しめかす》」と呼び、干したものは「干鰯《ほしか》」と呼びました。

「干鰯」は室町時代からあったようですが、江戸時代には、換金作物といわれた木綿、菜種、煙草の栽培用の肥料として盛んに使われ、生産を大幅に伸ばしたことから、干鰯問屋は大きな富を得る商売として知られていました。

今も各地に残る古い町並みを彩る立派な家屋の中には干鰯問屋が少なくありません。住空間から彼らの暮らしがいかに裕福であったかを知ることができます。

煮干つまりイリコは、出汁として使いますし、正月のお節料理の三つ肴※の一つである「田作り」の材料でもあります。「田作り」とは、田んぼの肥えた土を作る肥料だったことから付けられた名前です。農耕を暮らしの軸としてきた日本では、豊作は豊かさの象徴でした。田畑が肥沃になり、豊かな収穫を願う大切なおせち料理のひとつである「田作り」の別名「五万米《ごまめ》」も大量の米が稔ることを連想させるものです。

※一般的に、関東の三つ肴は、まめに働き元気に暮らすことを願う「黒豆」、子孫繁栄の「数の子」そして「田作り」である。一方、関西の三つ肴は「黒豆」「数の子」、根を深く張り代々続くことを願う「たたきごぼう」である。

しらすやちりめんも鰯の幼魚で作られますが、しらすとちりめんはどう違うのでしょうか。地域によりその呼び方は違うのですが、一般的には釜茹でしたものを「しらす」、または「釜揚げしらす」といい、そのしらすを少し干したものを「しらす干し」、じっくり干し乾燥させたものを「ちりめんじゃこ」と呼ぶのです。乾燥度の低いものから順に、「しらす」、「しらす干し」、「ちりめんじゃこ」となります。その形はへの字形が良く、漁獲後早いうちに調理されたことを示します。また大きさの違いで名称があります。3cmまでの小さいものは「ちか」、3cmほどは「かちり」、3・5～4cmの大きいものが「かえり」、それ以上大きいものが「いりこ」です。大きくなるほど味は濃く、栄養価も高くなります。（図2―8）

図2—8

鰯を干した瀬戸内産イリコ
への字に曲がった姿は新鮮さの印

❖ 簡単ヘルシーレシピ

私は、伝統の食材を使った地域料理と演出を通して、日本食文化を伝承し、近海の魚のおいしさを子供たちにも伝えていきたいと思っています。

秋刀魚も鰯も長いお付き合いの中で、日本人の食を支えてきた近海魚です。その栄養価も高く、特に齢を重ねるほどに必要な栄養素が豊富に含まれています。それらは、EPA（エイコサペンタエン酸）、DHA（ドコサヘキサエン酸）、IPA（イコサペンタエン酸）といった不飽和脂肪酸です。特に鰯にはEPAが青魚中最も多く含まれており、血液をサラサラにし、血栓をできにくくし、悪玉コレステロールを減らし、動脈硬化を遠ざけると言われています。脳の発達を助け、集中力を高める効果が期待されるので子どもたちにはもちろん、生涯を通じて積極的に摂りたい食品の一つです。

しかしこれらの栄養素は酸化しやすいので、抗酸化作用の高いβカロチン（しそ・モロヘイヤ・人参・春菊・青梗菜・かぼちゃ・海苔など）、ビタミンC（ピーマン・パセリ・柚・レモン・ワカメ・昆布など）、ビタミンE（卵・ナッツ類・オリーブオイルなど）を多く含む食材と一緒に食べると良いのです。

秋刀魚も鰯も最近は、煮たり、焼いたり、揚げたり、酢の物、刺身など和食だけでなく、洋風、中華風にアレンジするのもいいですね。

簡単なレシピでも盛り付けとセッティングを工夫すれば、身近な魚を日々のお惣菜からおもてなし料理にグンと昇格させることが出来ます。

たまには塩焼きや煮つけといった調理法の王道から離れてみてはいかがでしょう。ここで長尾典子オリジナルの2種類を紹介します。簡単スピード、手抜きで、ポイントは外さず作ります。拙著『12か月の lifestyle book ～食卓からしあわせは始まる～』出版エピックにも記載しているレシピです。


一つめは、「秋刀魚のクルクルロールソテー」です。

三枚におろした秋刀魚に塩・胡椒、ニンニク少々で下味を付け、青紫蘇またはバジルの葉をしっかり巻いて楊枝で止め、軽く小麦粉を付けたら、フライパンで表面をカリッと中まで火を通すように焼くだけです。魚を取り出したそのフライパンにオリーブオイルを熱して、プチトマトを炒め、醤油ほんの少々、酒、蜂蜜を加えてソースを作り、器に盛り付けたソテーにかけます。最後にバルサミコ酢を飾るようにかけるとお洒落なおもてなし料理になります。骨もなく食べやすいので女性のお客様にも喜ばれる一品です。（24頁　図A―16参照）

もう一つは、「秋刀魚の黒ゴマ揚げ」です。

三枚におろした秋刀魚に軽く酒・醤油・しょうが汁で下味を付け馴染ませたら、黒ゴマを表面に付け、片栗粉をまぶして揚げ、はちみつを隠し味程度に絡めます。秋刀魚とはちみつはとても相性が良いのです。

組み合わせる料理は、抗酸化作用のあるヒジキと人参の煮物、煮黒豆のクリームチーズ和え、そして春菊のゴマペーストがけです。（24頁　図A―15参照）

鰯といえば節分の魚ですが、近年では恵方巻のほうが有名になりましたね。そこでこれら二つをドッキングさせて、「鰯のスピード恵方巻」をご紹介します。

鰯の煮付け缶を用意して寿司の具にします。一本には針生姜、もう一本には青じそを加え、簾に海苔を置き、すし飯を広げ、具を芯にして巻くだけです。節分らしさを演出するために紅白水引で結び、南天の葉を添えれば出来上がりです。缶詰めは味が濃いので味付けは不要、もちろん骨まで食べられるのでそのまま巻くだけ手間いらず。ここでも抗酸化作用のある紫蘇と海苔を加えます。

お供にする汁ものには、やはりすぐ出来るおすましを用意し、ストックしておいた出汁を使い、具としてワカメと青梗菜を入れます。抗酸化作用を期待できる栄養のバランスの良い、汁物です。

手が込んでいるように見えて、どれも簡単スピード料理です。普段の食卓にも、おもてなしにも対応できます。おもてなしには、その盛り付け方、器使いと演出を工夫すればとても素敵に見えます。その腕を磨くなら長尾典子サロンに是非にいらしてください！

日々の料理は、季節感があり、身近に手に入る質の良い経済的な食材を使って、なるべく手作りしたいものです。多忙な毎日を送っている女性たちには、スピーディーなヘルシー料理が必須条件です。作るを楽しみ、食すを楽しみ、日々を楽しむことは、心身の充実に繋がる大切なことです。料理とテーブルコーディネートは、健康を運び、しあわせを生む行為です。

私は、食を大切に丁寧に取り組みながら、新しい自由な楽しさをプラスしながら、伝統も繋いでいくことをいつも変わらぬテーマにしています。

❖ 番外編　秋刀魚

さて、秋刀魚といえば「目黒の秋刀魚」の落語は忘れられません。ストーリーの詳細には色々なパターンがあるようですが、あらすじはこんな感じです。

ある秋の日、お供も連れず一人で馬に乗って鷹狩に出かけた殿様。その一大事を知って取るものもとりあえず追いかけた家来。追いついたのは良かったのですが、突然のことに弁当を忘れたのです。やがて昼となりお腹をすかせた一行、ちょうど目黒のあたりです。近くの農家から秋刀魚を焼く良い匂いが漂います。背に腹は変えられず、焼き立ての〝下賤な魚〟を口にすることになってしまった殿様ですが、それは今まで食べたことのないおいしものだったのです。「う〜ん、これは美味じゃ！」と殿は感激します。

それからあの焼き立ての香ばしい秋刀魚の味がどうしても忘れられません。出来ることなら目黒の秋刀魚を食べたい。いや、目黒に行きたい！　しかし殿にはかなわぬ夢です。

ところがそんなある日、「お食事に何かご希望の魚をご用意致します。殿のご希望をお伺いさせてください」と家来が言うのです。これは渡りに船！　と殿は迷わず、もちろん秋刀魚をリクエスト！し・か・し、出てきた秋刀魚はあのシズル感たっぷりの焼きたての秋刀魚とは似ても似つかないもの。お殿様用に脂を抜き〝超上品〟な椀物に変身したカスカスの団子。魚の姿すらとどめていないのでした。団子をつくづく見た後、それを口に運んだ殿は、家来に問います。「何処より仕入れた?」すると、「はい、日本橋の魚河岸でございます」とうやうやしく答える家来。しかし美味しい焼きたての秋刀魚を目黒で食べた経験のある殿は「いや、それはいかん! 秋刀魚は目黒にかぎる!!」というオチが付いたお話ですね。

確かに江戸市中に出回る魚は、日本橋で売られていました。その魚河岸で売られる前に選別したピカイチの立派で新鮮な魚だけが江戸城に献上されていたのです。そして日本橋に並んだ秋刀魚は、千葉銚子産が主流でした。それ以外の産地から入るものを「場違い」と言いました。現在使う「場違い」の言葉はここから生まれたのです。

殿様が城内で食べた秋刀魚団子は超一流の銚子のとれとれ秋刀魚で作ったはずです。一方、目黒で食べた秋刀魚は銚子産ではなく、場違い物の安価な秋刀魚だったのかもしれません。しかし、料理は新鮮な食材をシンプルに調理して、出来たてを食べることが旨さの秘訣だと確認するお話でもありますね。料理の段取りと食べるタイミングはいつもおいしさの大事なポイントなのです。

目黒の秋刀魚はフィクションですが、目黒には家康や吉宗が鷹狩に行き、茶屋に立ち寄った場所でした。その茶屋は〝目黒の秋刀魚を出した茶屋〟として今も知られています。

その場所は目黒区三田二丁目あたりとされ、その地名は茶屋坂と名付けられています。その茶屋の主人である彦四郎を、吉宗が「じい」と呼んでいたことからその名は「爺々が茶屋」です。殿さまが食べていたのは団子や田楽で、秋刀魚はメニューにはなかったようです。落語の中の秋刀魚はおそらく、主人の昼食用か、まかない料理だったのでしょう。

この辺りは、浮世絵にも描かれています。なんと、富士山も眺められる絶景スポットであり、清水も湧き出ていた景勝地なのです。

ここでは毎秋、「目黒のSUN祭り」が開催され、焼き秋刀魚が提供されます。また、目黒駅前商店街でも、「目黒のさんま祭り」が開かれています。

この地の風景は大きく変わり、江戸時代当時の面影を見ることはできませんが、目黒の秋刀魚のお話は、当時の様子を今にちゃんと伝え、イベントを通して現代につながっているのです。

❖ 番外編　鰯

では、鰯はどうでしょう。鰯と言えば節分の柊鰯《ひいらぎいわし》です。

焼いた鰯の頭を柊の小枝に挿し門口に設えるのです。柊鰯は魚の頭を焼く臭いと煙が邪気を払い、そして柊のとげが鬼の目を刺すと言われるためです。

まさに鰯の頭も信心からという言葉通りですが、古くは鰯はどこでも手に入るありふれた魚だった証です。誰もがそんな鰯に願いを込めて、次の日に巡ってくる立春から始まる新年のために邪気を払ってきたのです。

この習慣の歴史はかなり古く、平安時代に紀貫之によって著された『土佐日記』にも記されています。その書の中には、「小家の門の端出之縄の鯔《なよし》の頭柊らいかにぞとそいひあへなる」とあり、家の門に注連縄を飾り、鯔の頭と柊を刺している様子が書かれています。当時は、鰯ではなく鯔《ぼら》の頭を柊にさしていたのです。（鯔については本書「すしの章」をご参照下さい）

広く庶民にもこの柊鰯の習慣が広がったのは、江戸時代とされ、初春の風物詩として浮世絵にもその様子が描かれています。

今では都会生活の中で柊鰯を玄関や門に設えることは衛生面から難しいので、私は季節のしつらいとして、鬼とお福さんのかわいいお面と升に入れた炒り大豆を飾ったり、南天の葉とアンティークショップで求めた鬼とお多福のお猪口を飾ったりして楽しんでいます。（23頁　図A-17参照）

❖ 日々の食卓に、旬の味として

さて、最後にイワシの日についてお話ししましょう。

1985年のこと、鰯の大量水揚げが続いた冷たいレジームの時期に、安くておいしい鰯を広くアピールしようと、イワシの日が設定されました。イ（1）ワ（0）シ（4）から10月4日がその日です。

四方を海に囲まれた日本にいる私たちは、近海で獲れる魚をもっと積極的に食べたいものです。島国日本のどの地域にも、豊かな漁場がありました。世界中の海水魚の25％が生息するといわれた恵みの海です。ところが、日本人一人当たりの水産物消費量は減少を続け、若い層ほど摂取量が少ないようです。

秋刀魚は秋の味覚として、鰯は毎日の食卓に、登場させたいものです。しかし、伝統的に近海で獲れていた身近な魚の漁獲量が減り、価格も高くなり、親しみも薄くなっています。日常の動物性たんぱく質摂取量は魚から肉にシフトしています。需要が減れば、供給の必要もなくなるのです。近海漁業が消えてしまわないように、食卓に近海魚を登場させましょう。そして環境保護にも関心を持ちましょう。ここでご紹介した簡単お洒落レシピが少しでも参考になればうれしいです。

古くから培われてきた日本の魚食文化は、世界に誇れるすばらしい cool なものです。なんとか大切に受け継いでいきましょう。

十章

おにぎり

最も身近でシンプルな日本の味

❖ おにぎりはファーストフードなスローフード

日常からハレの日まで、どんな時にも途切れることなく親しまれてきたおにぎり。おにぎりの定義は「炊いたご飯に味を付けたり具を入れたりして加圧成型したもので、一般的には手のひらにのる大きさでその形は三角、丸、俵型などさまざま」とされています。

子どもの頃食べたお母さんの握ったおにぎりは、特別な味として、記憶に刻まれていませんか。毎日食べる手作りの食事とならび、おにぎりには、お母さんの愛の調味料がしっかり入っていると思います。子どもたちを応援する見えざる力、強く温かい愛情が注ぎ込まれています。ここに、〝手作りをする〟大切な意味があると思うのです。

図3—1

枝豆入り炊き込みご飯の笹巻おにぎり

最近は「おにぎらず」という大判海苔に包むだけで握らずに、よりスピーディーにできることをウリにする新しいスタイルが登場しています。しかし、日本人のソウルフードともいえるおにぎりは、「握る」ことにこそ大きな特徴があります。そこには深〜い物語があるのです。機能性・携帯性・保存性の三要素を合わせもつ〝ファーストフード〟なおにぎりは、〝スローフード〟でもあるのです。長い歴史を持つおにぎりの世界を探訪していきましょう。（図3-1）

❖ 米を考えよう

おにぎりの主役は何といってもご飯です。そこでまず、こちらの文字を見て下さい。

「伊禰」は何と読みますか?「イネ」と読み、稲という意味です。「渠海」とは?「コメ」（米）です。これらはおにぎりの材料である稲そして米なのです。

日本人は米を主食にしたおかげで、米に関するたくさんの言葉を持っています。少しご紹介しましょう。

籾《もみ》 rough rice、藁《わら》 rice straw、糠《ぬか》 rice bran、田 rice field、糒《ほしい》 dried rice、飯 cooked rice、米 rice grain、重湯 rice water、粳《うるち》 nonglutinous rice、粥 rice gruel、餅 rice cake、稲 rice plant、苗 rice seeding、糯《もち》 glutinous rice などです。

糒《ほしい》 dried rice とは、煮たり蒸してから天日で干した飯のことで、保存食です。今でいうなら、フリーズドライのようなご飯です。古くは湯をかけるとご飯に戻る兵糧食であり携帯食でした。

　重湯 rice water は、粥を煮た時の糊状の液を指します。消化が良く水分と糖分を効率よく摂取できるため、古くは、病人食や離乳食として食されました。

図3—2

炊き立てご飯はいつも日本人のごちそう

　粳《うるち》 nonglutinous rice は、普段私たちが食べている米で、アミロースとアミロペクチンをおよそ2：8の割合で含んでいます。

　糯 glutinous rice は、粘りが強いため、餅にします。こちらには、アミロペクチンだけでアミロースは含んでいません。

　英語ではすべてに rice が付いていますが、日本語ではすべて違う漢字が当てられ、独立した固有名詞です。日本人にとって、米は日常的にとても大切な特別なものであったため、それぞれの種類や部位を示す個別の言葉が必要だったのでしょう。（図3―2）

❖ 日本の米とその特徴

　イネ科の稲は22種類、そのうち野性稲は20種類で、栽培稲はたったの2種類であり、それらはアジアイネとアフリカイネです。水田で育てる稲を水稲《すいとう》、畑地で育てる稲を陸稲《りくとう》（orおかぼ）と言います。

　アジアイネには、インディカ種、ジャポニカ種の2種と、これら2種の亜種であるジャバニカ種の合計3種類があります。

　インディカ種はとても細長くパラパラしているため、カレーやチャーハンに適しています。

　一方、ジャポニカ種は、私たちが日常的に食している日本の米として基軸となってきた稲です。米粒は丸っぽい楕円で粘りが強いです。ジャポニカ種のうるち米に含まれるアミロースは冷めても澱粉が固くなりにくく、冷めてもおいしく、おにぎりに適した米なのです。

　また、冷えたおにぎりにはダイエット効果が期待できます。冷えたご飯の澱粉は、難消化性デンプンという消化され難い性質があります。消化に時間がかかり、血糖値の急激な上昇を抑え、脂肪を良く燃やし、脂肪蓄積も抑えてくれる澱粉なのです。

❖ おにぎりの誕生と変遷

　では、おにぎりの誕生と変遷を見ていきましょう。

　日本の稲作の始まりは、縄文時代中期から後期といわれています。『日本書紀』には「豊葦原瑞穂国《とよあしはらのみずほのくに》」とあり、日本は、稲がみずみずしく豊かに実り栄える美しい国であることを意味しています。

米を主食にする中で、おにぎりは日本独自のものとして誕生し発展してきたようです。

では、おにぎりの誕生はいつ頃だったのでしょうか。弥生時代には存在していたのではないかと推測されています。というのは、石川県能登にある杉谷チャノバタケ遺跡から炭化した米粒の塊が出土し、その塊には指で握られた跡があったことからです。

また、横浜市都筑区港北ニュータウンから出土した古墳時代後期の遺跡からも、米の塊が発見され、その米が弁当箱のようなものの中にあったことから、おにぎり弁当では⁉と話題になりました。

これらには推測の部分も多く、真相は分かりませんが、当時米を主食とする中で、米を加圧成形し、保存性、利便性、携帯性を求めていたのだろうと考えられます。

この時代は、米は炊くのではなく蒸しており、その飯は硬めで強飯《こわい》（こわめし）と呼ばれていました。

平安時代になると、食べやすくするためや、保存のために、蒸したもち米を大きめのおにぎり状の塊にし、それを「頓食《とんじき》」と呼びました。「頓」には、握る、押さえる、まとめる、の意味があります。

一つの頓食は、1合半ほどのご飯で作るため、かなり大きなものでした。これは、上流階級が口にするものではなく、労働者階級が機能性を重視して、簡易的に作り食べていたようです。

鎌倉時代末期になると、もち米ではなく、うるち米を調理したものを握り、それらは主に戦用の携帯食に活用されました。兵糧丸です。1合ほどのご飯を丸めた大きなボール状のものが一般的でした。ご飯に粟、稗、胡麻、胡桃、きな粉、梅干し、味噌などを混ぜ、保存性を高め、栄養価を高め、戦場でもすぐに食べられて、スタミナがつくものでした。

特に、梅干しは味も良く防腐効果も高く、兵糧には最適だったでしょう。記録によると、1221年の承久の乱のときに、鎌倉幕府軍の武士たちに配られた兵糧に梅干しが入れられていたことが記されています。これが梅干しおにぎりのルーツではないかとも言われています。

この頃からは、うるち米を金属や陶器の羽釜で炊き始めます。つまり現在の米の調理法の基本となる形が生まれるのです。

江戸時代には、現代の米の炊き方が確立され、元禄の頃からは、おにぎりに江戸湾の浅草海苔を巻く、海苔巻きおにぎりが登場します。

海苔を巻く利点は、

一、手にご飯がくっつかない。

二、海苔の食感、香りと味がご飯との相性ピッタリで、米のうま味と甘味をひきだす。

三、栄養バランスが良くなる。

四、ご飯の表面の乾燥を防ぐ。

五、御飯の白と海苔の黒のコントラストが目に美しい。

このように、おにぎりと海苔はなかなかの良い相性のコンビネーションなのです。

海苔巻きおにぎりは、今でもお弁当の定番ですが、当時も行楽や花見などの物見遊山に携帯していた欠かせないものだったようです。

❖ 味付け海苔と焼き海苔

海苔巻きおにぎりといえば、皆さんは味付け海苔派、それとも焼き海苔派でしょうか。一般的には、関東は焼き海苔、関西は味付け海苔の傾向があるようです。たしかに、関西ではおにぎり海苔と表示のあるほぼすべては味付け海苔です。味付け海苔は、おにぎりにそのまま巻きますが、焼き海苔の場合は巻く前に少し炙ると、パリッとした食感が生まれ、青緑色が引き立ち、香りと風味も一段と増します。

今ではシステムキッチンのコンロはIH《アイエイチ》が多く、炙ることができないかもしれません。が、参考までにご紹介すると、2枚の海苔の表を内側に合わせ（海苔の表面がツルっとしたほうが表です）焦げないようにさっと手首を返し続け1～2分炙り、表を外に巻くのが正統とか。

炙り海苔といえば、大判の浅草海苔を火鉢で炙る女性の姿が描かれた『江戸自慢三十六興品川海苔』の浮世絵を思い出します。広重（二代）が風景を、豊国（三代）が人物を描いた合作とされている作品です。遊女と禿の後には品川の海が広がり、海には海苔養殖のヒビ（海中に立てた海苔を育成する木枝）が見えます。江戸の粋と情緒を感じさせる一枚です。（図3－3）

図3—3

江戸自慢三十六興　品川海苔の図
歌川広重（二代）歌川豊国（三代）
出典:国立国会図書館

海苔は古くから食されていたようですが、シート状にして乾燥させた板海苔は江戸時代になってから誕生しています。シート状にする技術は、和紙作りからヒントを得たといわれます。作られたのが浅草であったことから、浅草海苔と呼ばれ始めたようです。保存が効くようになった海苔は、品川・大森あたりで盛んに養殖され、流通していきました。

浮世絵『南品川鮫洲海岸』にはその様子が描かれています。海岸に沿って木の枝で作った柵のようなもの（ヒビ）が並び、ここで海苔養殖をしているのです。小舟で巡りながら海苔を収穫している様子も描かれています。

図3—4

南品川鮫洲沿岸　歌川広重
海苔養殖のヒビが並び、浅瀬には海苔収穫の小舟が。向こうには帆掛け船と富士が見える
出典:国立国会図書館

しかし、今では、浅草海苔は環境省の絶滅危惧種Ⅰ類に分類されています。残念ながら、昔のように正真正銘の１００％浅草海苔はなかなか口にできそうにありません。（図３—４）

❖各地のおにぎり

各地には様々な郷土のおにぎりがあり、長く愛されてきています。また、新しく生まれた郷土のおにぎりにも面白いものがあります。いくつかをご紹介しましょう。

きな粉と砂糖をまぶして朴葉で巻いた「朴葉おにぎり」は、飛騨高山地方のおにぎりで、古くは田植え時期の弁当として食されてきたようです。朴葉といえば、まず朴葉味噌を思い出しますね。乾燥させた大きなその葉の上には、葱、山菜、キノコを味噌で絡め、焼きながら食べる香ばしい味。朴葉には、抗菌・防腐作用があり、その葉が大きいことから、古代には、器（皿）として使われていたのです。

高菜の葉の漬物でくるんだ「目張おにぎり」は、熊野や吉野地方の郷土料理です。このおにぎりも農作業時の弁当として始まったようです。その名は、ソフトボールほどの大きさのため、食べる時に目を見張るからという説や、おにぎりを目張りするようにしっかりと覆い包むからと言われています。

また、青森の「菊花おにぎり」は、食用菊を混ぜ込んでおり、菊花の色も美しく、シャキシャキとした歯触りと、ほのかな菊の香りも好まれます。

エビの天麩羅を入れた「天むす」は、名古屋のおにぎりとして知られていますが、発祥は三重県です。飲食店のまかないとして生まれ、その歴史も1950年代と新しいのです。

鶏肉や薄揚げを入れてミカン果汁で炊いた炊き込みご飯を握った「みかんおにぎり」は、みかん大国愛媛県のものです。こちらは旅の味として近年生まれた郷土おにぎりです。

沖縄のB級グルメとして知られる、ふりかけおにぎりとササミをビニール袋に一緒に入れて上から押さえた「オニササ」（オニギリ+ササミ）なども話題性があります。

所変わればおにぎりも変わるのです。旅に出れば、その地域の食材を使った、おにぎりを味わうのも楽しいものです。

❖ おにぎりとおむすび

さて、おにぎりとおむすびはどう違うのでしょうか。それぞれの形状はどんなものなのでしょうか。これらの名前の由来を紐解きましょう。

「むすび」の言葉は古くから使われていました。現在、私たちは自分の子どもをむすこ、むすめと呼びますが、男女が結びついて生まれた「むすびひこ」、「むすびひめ」の略なのです。

古事記には、天地開闢の三神「天之《あめの》御中主《みなかぬしの》神《かみ》」「高御産巣日神《たかみむすひのかみ》」「神産巣日神《かみむすひのかみ》」が出てきます。このうち、2神には「産巣日《むすひ》」の言葉が入っており、「産霊」とも書き、生産、生成など、ものを産み出すことを意味します。この神々の偉大な力を授かりたいと願った先人たちが、神の象徴である山をかたどったご飯を食べたことがおむすびの始まり、というお話もあります。そうならば、おむすびは山型でなくてはいけませんね。

また、おむすびは、「むすび」に「お」を付けた丁寧語で女房詞だったともいわれています。

そして、「むすび」は、両手を使って結ぶことで、心を結ぶことも意味するようです。

一方、おにぎりは、握り飯の「にぎり」に「お」を付けた言葉とされており、庶民の言葉だったという説もあります。

また、「鬼を切る（おにきり）」を意味し、魔除けの力を期待するものでもあるようです。

諸説ありますが、おにぎり、おむすびのどちらにも明白な由来を見つけることはできませんが、広辞苑によるとおにぎりとおむすびの意味は同一とされています。

現在では、おむすびと呼ぶ人より、おにぎりと呼ぶ人が断然多く、おむすびと呼ぶ人の割合はなぜか、中国地方に多いことが分かっています。神々が集う出雲の国があるからでしょうか。

ちなみに、おにぎり派の人は6月18日を、おむすび派の人は1月17日を、憶えておくといいですよ。それぞれの記念日なのです。

❖ 市販おにぎりの誕生

私が子どもの頃は、おにぎりはお母さんの手作りが当たり前でした。学校から帰ると、おやつ代わりにおにぎりが用意されていたこともありました。遠足や運動会のお弁当を開けると、十人十色のおにぎりが登場しました。家庭ごとに大きさ、形にも個性があり、おふくろの味の一つでした。時々、1個ずつ交換すると、味の違いにビックリすることもあったものです。しかし、今では、日常的におにぎり作りをしているのは、お弁当持参が決まりの園児、児童、学生のお母さんたちだけかもしれません。最近では、栄養バランスにも配慮したシェフが調理した豪華な給食を提供する幼稚園や学校もありますから、お母さん手作りおにぎりの登場の機会は減る一方です。その上、かわいい型で作るインスタ映え仕様のアイテムも続々登場で、手で握る素朴系おにぎりは希少価値を高めるばかりです。しかし、時にはママの手で握ったおむすび、おにぎりで、美味しい記憶をつくってあげることは忘れたくありません。

日本初の給食に出されたご飯はおにぎりでした。それは1889（明治22）年山形県鶴岡町（現・鶴岡市）にある大督寺境内にあった私立忠愛小学校でのことです。当時、この小学校にお弁当を持ってくることのできない子どもを対象にした昼食として始まりました。その献立は、大きな塩おにぎり2個と塩鮭、菜漬物というシンプルなものであったと記録があります。

私はその地を2017年夏に訪れました。境内には学校給食が始まって70年目にあたる1959（昭和34）年に建立された記念碑があります。碑の中央にある石製のカップ形の碑は托鉢用の器・応量器をかたどったものだそうです。仏教の慈悲を表しているのでしょう。当時の素朴な手作りおにぎりは、子どもたちの心にも体にも大きな力を与えた〝愛を結んだもの〟まさに「おむすび」です。（図3-5）

時代が流れた今でも、手作りおにぎりは、変わらず〝愛を結んだもの〟であってほしい、きっとそうだろうと信じます。米どころ

図3—5

学校給食発祥の地記念碑　鶴岡市大督寺

山形の庄内米の丸い大きな塩むすびは、当時の子どもたちにとって、最高のごちそうだったでしょう。大きな口をあけて嬉しそうにパクついている姿が目に浮かびます。

おにぎりが初めて商品として売り出されたのは、1885（明治18）年のこと。現在の東北本線宇都宮駅で販売された弁当です。梅干し入りのおにぎりに黒ごまを振ったもの2個を1組として沢庵を添え、竹の皮で包んだものでした。それは、日本鉄道の委託を受けて、旅館「白木屋」が作ったいわゆる腰弁当でした。

今ではおにぎりは、コンビニで購入するものになりました。コンビニ第一号店が1974年に豊洲に開店したのを皮切りに、各地にコンビニが開業していく中で、コンビニおにぎりは誕生しました。数あるコンビニ商品の中でトップの人気を誇る商品がおにぎりでした。豊富な種類から選べる、いつでも買える、自分で作る手間が省ける、手作りより安いなどの理由から、お手軽スピード食として親しまれているのです。

コンビニおにぎりの販売が始まった時には、誰もこれほどの人気商品になるとは考えていなかったでしょう。しかし今では、1人が1年間に買うおにぎりの数の全国平均は18～19個です。1か月に1・5個以上を食べていることになります。皆さんはそれぐらい食べていますか。それとも、もっとたくさん食べているでしょうか。

確かに、たくさん食べてもあきないほど、コンビニおにぎりの味と具のバリエーションはとても豊かです。米の種類、ブレンド、炊き方、味加減は、各社しのぎを削っています。人気の具は、鮭、明太子、ツナマヨ、梅、昆布、おかか、たらこなどでしょうか。ツナマヨはコンビニが1983年に売り出しを試みた新しい具でしたが、今では人気が高く、代表的な具としてすっかり定着していますね。

❖ パリパリおにぎり海苔の実現

コンビニおにぎりの味のポイントは、もう一つあります。海苔です。皆さんは、パリパリ海苔か、それともしっとり海苔か、どちらがお好みでしょうか。売り出し始めた頃から、パリパリ海苔好きの消費者のニーズに応えるために、店頭に並べるおにぎりに巻いた海苔をどうやっていつまでもパリパリに保つかはとても大きな課題でした。

ご飯と海苔が密着しない状態で、海苔のパリパリ感を保つために製造販売したのが、おにぎりフィルムです。

始めのかたちは、三角おにぎりの上部からフィルムを引っ張るパラシュートタイプでした。その後改良が進められ、中央にカットテープを入れ、両端をつまんで外側へ引くセパレートタイプになり、海苔の切れ、破れが無くなりました。開ける時の失敗もなく、いつでも出来立ておにぎりの感覚で食べられる。これは、凄い発明です！

今では、このシートは単独で市販されています。子どもたちが喜ぶ可愛い絵や人気キャラクターのイラストが入ったシートもあり、手作りおにぎりに活用できるので、アウトドアやピクニックには、食べやすく楽しい便利グッズとして利用するのも一案です。

❖ 市販おにぎりにも日本の心

コンビニおにぎりは、世界にも発信しており、人気を得ています。各社は、味のバリエーション、手軽さ、携帯性などに加え、日本ならではの感性を大切に、きめ細やかな心くばりを忘れません。

おにぎりの食感と味の美味しさを追求し、上質の米と海苔、塩を厳選する上に、旬の食材を具にした季節限定商品の販売も魅力のようです。季節の移り変わりを愛でる、はしり、さかり、なごりという和の美意識に呼応した上質な食材を選び、味付けも工夫しています。そこには鮮度を重視する和食料理に通ずる感覚があり、顧客満足度を高める要素となっているのです。

生産は機械化が徹底していますが、常に新鮮な商品を提供できるように工場から店舗へ、一日に複数回のスピーディーな配達を行える輸送網を持っています。

❖ おにぎりの力

おにぎりは、米が主食となった後、ほどなくして生まれ、日本人とずっと一緒だったわけです。「握る」、「結ぶ」行為で、祈りと願いを込め、めでたさや神聖な力を移し表現した時代もありました。戦の兵糧として、また、農作業の合間の握り飯としてもエネルギーチャージをし、物見遊山の弁当として楽しいひと時を彩ってきた時代もあります。ご飯とおかずを一緒にできる合理性と利便性、携帯性で、いろいろなシーンで栄養とエネルギーを与えてきたのです。

今では市販おにぎりが、バリエーション豊かに新しいスタイルを次々と生みながらエンターテイメント性たっぷりに私たちを楽しませてくれます。おにぎりにこだわった専門店も登場しています。

海外でもonigiriは紹介され、市販されています。onigiriはハンディーでちょっとおしゃれな日本のスナックというイメージでしょうか。coolな日本の味として、海外で人気を得たonigiriが日本で注目される日がくるかもしれません。

でもやはり、お母さんが手でむすぶおにぎりは格別！　そのおにぎりは、シンプルでも素朴でも特別に美味しいものであり、心身を健やかにする魔法の力があると感じます。

近年、日本人は米を食べなくなった、消費量が減ったと言われています。それでも、おにぎりがなくなることはないと思います。

２０１７年夏、米どころを巡る旅をしました。新潟から山形へ向かう車窓からは、まぶしいほど鮮やかに輝く緑の稲穂がどこまでも続いていました。やがて秋には、一面黄金色に染まるのです。田んぼの風景は、春も秋もどの季節にも、表情を変えながらいつも私たちの心に深くしみ入るような美しさを見せてくれる日本人の原風景です。

やはり米は食品以上の意味を持つ大切な存在、日本人の精神を育む、なくてはならない心の栄養素です。和食文化の軸であるご飯を「握る」「結ぶ」おにぎりは、これからも日本人のソウルフードであり続けるでしょう。coolな伝統美味食おにぎりの可能性は無限なのです。

十一章　寿司

鮨・sushi・寿司の世界

sushiは世界中で親しまれている日本を代表する料理の一つです。海外ではhealthy & low calorie foodの代表としてファンも多いようです。また、日本各地には地方特有のすしも多くあり、郷土料理の目線で見ても興味深いものです。

ところで、寿司の日があるのをご存知ですか。その日とは十一月一日、その趣旨は、「味覚の秋にすしの真価を浸透させ、すべての人に愛食頂き、謝恩に報いるため」です。この日にはお気に入りのすしを味わってはいかがでしょうか。

では早速、Coolなすしの世界を探訪していきましょう。（図3―6）

図3―6

Japan Cool Seminar開催寿司店にて

❖ 漢字から紐解く「すし」

すしには様々な漢字が使われます。漢字の意味を紐解くと、すしの歴史とその姿に近づくことが出来そうです。

まず魚偏に旨いと書く「鮨」。この漢字は二千年以上前から中国にあり、旨の漢字の上部の文字・ヒは、共餐のとき族長が祭りに供えた肉を切り分ける小刀のこと、下部の文字・日は、調理したものを入れる器を示し、そこからうまいという意味となりました。さらに、熟成させたものという意味もあります。

次に魚偏に乍の「鮓」です。この漢字も中国で二千年以上前からあったものです。乍は、木の枝を曲げて家の垣などを作ること指し、そこから作業してものを作るという意味があります。また、時が過ぎる、物事を成すという意味もあります。つまり、作業して作ること、時間が経過することも、すしに近づくキーワードです。

日本では、七一八年に著された『養老賦役令《ようろうふえきりょう》』に鮨と鮓の文字が登場しています。

もう一つの漢字、寿を司ると書く「寿司」は最も新しい漢字で親しみのある表記です。これは、江戸時代中期以降、日本で生まれた当て字です。おめでたい席、お祝いの時にはふさわしい縁起の良い漢字です。

さて魚偏に差と書く「鮺」は今では使われていないため、すしと読める方は多くないでしょう。

中国では古くはこの漢字を使い、その意味は、魚の身などを飯の上に置き発酵させたものを指しました。

この漢字は主に中国北方で使われ、南方では同じ意味をもつ「魿《キン》」を使っていたようです。この漢字も今は使われていませんが、ここで発酵と飯という言葉がヒントとして現れます。

これら古い中国の漢字から日本では「鮺」という漢字が登場し、これもすしと読みます。

まとめてみると、すしには大きく三つの特徴がありそうです。

まずおめでたい時に食べることの多い非日常の料理、次に魚と飯を使っている、そして時間を必要とし、熟成、発酵していることです。

❖ そもそも本来の「すし」とは…

すしの材料である飯と魚はどちらも日本人には身近な食材です。米はアジアを中心に栽培されてきましたが、日本の米はジャポニカ米です。おにぎり、すしなどねばりの強い性質を生かしたものに適した種類です。（米については「おにぎり」の章をご参照下さい）

すしの起源は東南アジア、それも紀元前四世紀ごろという大変昔のことです。

本来のすしは今の寿司の姿とかなり違います。当時は飯と魚を一緒に食べるものというより、魚を保存するための手段として飯を使ったのです。

温度と湿度の高い東南アジアでは、生魚をそのまま放置すればすぐに腐ってしまいます。そこで内臓を取った魚に強く塩をして、温かいご飯をまぶし魚とご飯を何層にもして樽に漬け込み、数十日から数か月置くのです。魚が乳酸発酵したところを取り出すと、飯はドロドロになっています。その飯を取り除き、魚だけを食べていたのです。

❖ 熟れずし

現在、このようなオリジナルスタイルの〝すし〟を日本で身近に食す機会はまずないですが、近いものを探すと、鮒ずし（鮓、鮨、寿し、寿司のうち、最も一般的な寿司の記述をこれ以降使います）にたどり着きます。今では鮒寿司は「熟れずし」に分類されます。

鮒寿司は琵琶湖のニゴロブナを使った滋賀県の郷土料理です。特に子持ちのメスは高級とされます。古くはどこの家庭でも我が家の鮒寿司の味があったのですが、今では、ブルーギル、ブラックバスなどの外来魚の影響でニゴロブナが激減してしまい、違う種の鮒を使ったものもが主流です。そこで、正統派の鮒寿司はとても高価なものとなりました。

しっかりと塩をした鮒を飯で発酵させている鮒寿司は独特の香りが豊かなため、好き嫌いがはっきり分かれるところですが、私は薄く切り、鮒の卵の濃厚な味と発酵の香りを楽しみながら滋賀県の純米酒と組み合わせます。同じ地域のものは自然と調和し、絶妙な味わいを生むのです。（24頁　図A-18参照）

熟れずしは、発酵と熟成のために数か月から半年は漬け込みますが、1年、2年と保管するとご飯は跡形もなくなります。この発酵は乳酸菌によるものでアミノ酸などのうま味成分が増え、味わいを深めるばかりか、大変体に良いものであると科学的に証明されています。

鮒寿司をはじめとする熟れずしは、奈良時代には既に食されていたようですが、文献によると貝類、肉類なども含む多種のバリエーションがあったようです。

このように、寿司の始まりは味噌・醤油・酒・酢・ぬか漬け・納豆などと同じ発酵食品でした。近年、健康と美容に良いと再注目を集めている発酵食品は、高温多湿の日本の風土に適した伝統食品であり、和食文化の軸です。実のところ寿司も発酵食品の一つだったのです。

❖ スピードずしの誕生

すし作りには長い時間が必要でした。そこで、もう少し早くできるといいなぁ、そして発酵に使うご飯も食べられたらいいなぁ、という思いから室町時代に生まれたのが「生《なま》熟《な》れずし」です。これは室町時代に生まれたと言われています。

開いた生魚に塩味のご飯を詰めて2週間から1か月間漬け込み、そのご飯と魚を一緒に食べるのです。やがて、もっと漬け込み期間を短くし、1週間ほどなら、魚もご飯も主役として味わえるものになります。

魚とご飯を交互に重ね、重石をすることから、押し寿司や箱寿司のルーツとなりました。

短期間の発酵により生まれる魚とご飯の酸味の調和が寿司の旨

みとなったのです。

生熟れずしの一つに鮎寿司があります。ここで、鮎寿司街道の物語をご紹介しましょう。

1603年のことです。家康と秀忠に鮎寿司を献上するために、岐阜県長良川の鵜飼い漁で獲れた鮎を寿司にして熱田を経て江戸城に届けたことから、毎年このルートで鮎寿司が運ばれるようになります。当時は岐阜で鮎寿司を桶に詰め、人から人へとバトンタッチしながら、5日間で城に届けました。この日数がちょうど美味しく発酵するタイミングでした。運搬日数に忠実に懸命に、滞りなく献上の旅を遂行したのです。この道を鮎寿司街道と呼びます。

❖ 超スピードずしの登場

しかし、もっとスピーディーに美味しいすしを作りたい！　と江戸中期から後期に登場したのが「早ずし」です。

寿司は本来、日数をかけた発酵で生まれる旨味と酸味を楽しむ食品でしたが、せっかちな江戸っ子の気質には則さなかったともいわれています。

そこであらかじめご飯を酢と塩で味付けし、削ぎ切りした魚の身をのせ、重石をして半日ほどおいて魚と飯をなじませたものです。

続いて「にわか寿司」が考案されました。その場で作ってすぐ食べられる超スピーディーな寿司です。酢で味付けしたご飯の上に味付けした魚の切り身をのせて握る「握り寿司」の始まりです。（「酢の章」をご参照下さい）

握り寿司は「早い、安い、旨い」の三拍子そろった、庶民に人気の手軽な外食である屋台料理の花形でした。客が注文すればその場で握ってくれて、すぐに食べられるのですから、江戸っ子気質にぴったりです。暖簾をくぐって好きな寿司をパパッと食べて、暖簾で手を拭いてスッと出るのが、江戸っ子の粋。屋台の暖簾はお客の手垢で汚れているほうが人気の寿司屋と言われたのです。

当時の江戸は世界で最も人口の多い大都市になっており、地方から仕事を求めてやってくる独身と単身赴任の男性が多く、市中の屋台で、仕事に差し支えない短い時間で、腹を落ち着かせる程度の安くて美味しいものをつまむのが常でした。寿司は彼らにぴったりの外食だったのです。

ところが、武士たちは屋台での飲食は禁じられており、表向きには食べることはありませんでした。しかし、やっぱり食べたい屋台の寿司。こっそり手拭いをかぶって食べる武士を描いた浮世絵もあります。なぜその人物が武士と分かるかと言えば、顔は隠しているものの、腰に差した刀がしっかりと見えているからです。「頭隠して尻隠さず」の姿は笑いを誘います。やはり、武士といえども美味しいものの誘惑には勝てないことを証明しているわけですね。

当時の寿司一貫のサイズは今のおにぎりほどの大きさでしたから、2貫も食べれば十分満足できます。ネタにより値段は違いますが、4文から8文ほど、今のお金で100円から200円ほどなので、庶民の外食には適正価格です。ワンコイン500円を握って屋台に行けば2、3個は食べられる計算です。もちろん高価なネタの寿司もありましたが、それでも12文ほどでした。

その安さとおいしさの秘密の一つは、1845年に生まれたとされる粕酢にありました。当時の寿司酢に必要な米酢と砂糖は値の高い調味料でした。酒粕から作る粕酢は、その味もまろやかで甘味もあるため、砂糖も不要、その上安価だったため寿司の値段を安く抑えることができたのです。(詳しくは「酢の章」をご参照下さい)

さて、最も高価なネタとは何だと思いますか。なんと! それは卵です。卵を食べる文化は戦国時代に南蛮人から伝えられましたが、一般に広く食されるようになるのは江戸時代中期以降だといわれています。また、生卵を食べる習慣は明治に入ってからのことです。

魚は江戸前、つまり江戸湾でとれた魚を日本橋の魚河岸で調達しますが、新鮮であっても売りものにならない雑魚などを安く譲り受けることも多く、酢で〆たり醤油に漬けたり〝仕事〟をすることで美味しいネタにしたのです。

一方、一番安い寿司は、いなりずしでした。いなりの名前は油揚げが稲荷神社のキツネの好物だったことに由来していますが、いなりずしの中身は、シイタケやかんぴょうを刻み入れた酢飯を詰めたものだったり、もっと安いものはご飯の代わりにおからを詰め、わさび醤油で食すものでした。

江戸でいなりずしが流行ったのは、日本橋十間店《じっけんだな》の次郎吉が行商したからと伝えられています。

❖ 現代人好みのネタは?

皆さんの好みの握り寿司のネタは何でしょうか。最近はサーモンとかマグロのトロなどの脂ののったネタが好みの方が多いようです。しかしどちらも屋台寿司が生まれた頃にはないネタでした。

サーモンは江戸前では獲れない上、寄生虫の問題で生食はしなかったのです。現代では養殖で衛生上の問題が無くなり、味も寿司向きに改良されています。

一方、マグロがすしネタの仲間入りしたのは、１８３０年代です。黒潮の流れに変化が生じ、江戸前でマグロが獲れ過ぎたことがキッカケでした。大量に獲れた安価なマグロを安い寿司ネタにすればよいと、赤身を醤油に漬け、ヅケにしたのです。当時マグロは下魚《げざかな》と言われ、赤身だけしか食されず、腹身のトロは畑の肥料として使われるか、捨てられていました。ウッソ〜！もったいない！という声が聞こえてきそうですが、当時はトロの味は脂臭いと全く人気がなかったのです。そこで、安価なトロの脂臭さを消す目的で葱と一緒に煮て食す江戸の庶民の料理、ネギマ鍋が生まれるわけです。

日本人の味の志向は明治以降、特に第二次世界大戦後に大きく変化したのです。

❖江戸前と仕事

握り寿司といえば江戸前ですが、江戸前とは江戸城の前のこと、つまり「東京湾でとれた魚介類を使ったすし」という意味です。

東京湾は海底地形に大きな特徴があり、浅瀬から急激にかなり深くなっているのです。そのお陰で多種多様な魚が分布しています。その上、当時は汚染もなく埋立地もほとんどないため、とても豊かな漁場でした。

例えば、タイ、スズキ、マナガツオ、サバ、アジ、カツオ、ハマグリ、アサリ、サワラ、イワシ、ブリ、ウナギ、マグロ、シラウオ、エビ、アナゴなど多種の魚が江戸前ネタとして流通しました。

それらに酢、塩、醤油、酒で、味付けをしたり、漬けたり、さっと火を通したり、炙ったり。いわゆる〝仕事〟をしてネタとしました。今でも仕事をしたネタは、江戸前寿司の代名詞ですが、当時は冷蔵庫もないので、美味しく安全に客に提供するための大切な工夫であり、手段として発展したのです。

■魚の名前、いくつご存知ですか?

ここで一息入れて、クイズに挑戦しましょう。

寿司屋でよく見る魚の名前のいくつかを読んでみましょう。

蛸　鮃　鰰　鰈　鯊　鮑　鯒　鰶　鱵　鱸

さて、いくつ読めましたか。

答え：タコ・ひらめ・ハタハタ・かれい・はぜ・あわび・こち・このしろ・さより・すずき

魚の中には成長と共に名前を変える、出世魚と呼ばれるものがあります。出世魚はめでたく縁起が良いと尊ばれ、慶事に食べられてきました。

空欄に魚の名前を入れてみましょう。いくつ分かるでしょうか。

①→イナダ→ハマチ→②

セイゴ→③→スズキ
④→ヤナギ→サワラ
ハク→⑤→スバシリ→イナ→⑥→トド
シンコ→⑦→ナカズミ→⑧

答え：①ワカシ　②ブリ　③フッコ　④サゴシ　⑤オボコ　⑥ボラ　⑦ジャコ　⑧コノシロ

例えば、幼いこと、子どもっぽいことを「おぼこ」「おぼこい」と言い、結局行きつくところを「とどの詰まり」と言うのは鰡の名前であるオボコとトドから生まれた言葉なのです。とても身近な魚だったことの証です。現代では、鰡の身より、卵のほうに親しみがありますね。日本語ではからすみ、イタリア語ではbottarga ボッタルガ、そして英語ではbotargo ボッタルゴです。

日本人は魚をずっと食べてきたからこそ、稚魚の名前、成魚の名前が違い、それぞれを区別し、認識していたことを改めて発見します。私たちは、もっと日常的に魚を食べ、旬魚や行事魚から巡る季節を実感したいものです。ここにも日本の食文化のこころがあるのですから。

しかし、伝統的に食されてきた地域の魚が激減したり、旬の時期がずれてきて、郷土料理が作れないという話も耳にします。生息海域が変化して、地元漁師さんが今まで見たことがない魚が網にかかることもあるといいます。海洋資源そのものの枯渇も心配な事です。

❖ 江戸の花形すし屋

さて、江戸時代の寿司にお話を戻しましょう。

握り寿司の屋台が流行るなかで、店を構える者が登場します。その中で江戸の三大寿司屋として「江戸三鮨」というものがありました。これらの寿司屋は高級化していき、現代の高級店のルーツとなります。その3店をご紹介していきましょう。（図3－7）

まず両国の「与兵衛鮨」、次に本所武蔵の「松が鮨」、そして

図3—7

縞揃女弁慶　歌川国芳の図
弁慶格子の単衣物を着た女性から季節は夏と分かる。「あたけの松のすし」と記した木箱から寿司を出すと、子どもは食べたいと手を伸ばしている。 味の素食の文化センター所蔵

竃河岸の「毛抜きずし」です。

両国「与兵衛鮨」の華屋与兵衛は、握り寿司の創案者と言われ、元は花屋だったため、そう名乗ったとされています。「与兵衛鮨」の創業は、1824（文政7）年です。場所は現在の墨田区両国1の8であったことが分かっています。スカイツリーの見えるその場所は、今では町会会館になっており、「ここに与兵衛鮨あり」の碑があるだけで店舗は残っていません。

当時はかなりの繁盛店でこんな川柳が残っています。

「こみあひて待ちくたびれる与兵衛鮨　客ももろ手を握りたりけり」

この店の人気の理由は、美味しい鮨と一緒に、当時新しい茶の飲み方を提案した「山本山」の茶を出していたことにもあります。新しい茶の飲み方とは、煎茶のことです。（本書「茶の章」をご参照下さい）

煎茶と鮨の組み合わせは当時最先端の洒落たサービスでした。新しもの好きで、話題性を求める江戸っ子には、外せない店だったのでしょう。いつの時代も商売にセンスとアイデアは大切なのです。

本所武蔵の「松が鮨」は、第一店舗を江東区新大橋に構え、後に浅草に移転、支店を現在の中央区八重洲一丁目にも出すという繁盛ぶりでしたが、残念ながら今は残っていません。（図3―8）

図3―8

東都高名会席書　すしや娘お里　まつのすし　豊国三代　広重初代の図
新大橋近く安宅六軒堀の「松の鮨」（松が鮨）は江戸有数のすし屋であった。
味の素食の文化センター所蔵

竃河岸《へっついがし》の「毛抜き寿司」は1702年創業です。ご存知の通り、この店は今も存在し、神田小川町で十三代目がその味を守っています。

この店の寿司は、笹の葉でくるりと巻き、桶に重ねて入れて石で押しをして味をなじませています。江戸時代当時にはその寿司一つを1～2文で売っていました。

江戸の味を受け継ぎ、今も当時の味を楽しめます。塩味と酸味は強めとのことです。

ところで、毛抜きとは面白い名前だと思いませんか。実は、下ごしらえの時にネタの小魚の小骨を毛抜きで抜いていたことから、この名が付けられたそうです。今では「笹巻けぬきすし総本店」の名前で暖簾を上げています。

❖ すしの名前

ではここで、様々な寿司の名前についてご紹介していきましょう。

助六という寿司がありますね。稲荷と巻き寿司の折詰です。この名は、歌舞伎の演目である『助六』に出てくる花魁の揚巻という名前に因み、「揚げ」で包んだ稲荷寿司と、海苔で巻いた「巻き」寿司からです。そのものズバリを言わず、分かる人だけがニヤリと楽しむ江戸の粋な洒落から名付けられたのです。

バラ寿司とちらし寿司は違うのでしょうか。

地域による定義の違いと呼び名の違いもあるのですが、一般的には、ちらし寿司は寿司飯の上に寿司ネタを並べ散らしたもの、バラ寿司は寿司飯の中に細かく切って味付けした具を混ぜたものを指すことが多いです。

では、鯖寿司は、バッテラ、棒寿司、松前寿司などと呼びますが、それらの違いはどこにあるのでしょうか。

まず注目すべきは切り口の形です。切り口が丸みを帯びているものが棒寿司です。手で握って形を作るからです。

一方、切り口が四角いと押し寿司、箱寿司です。つまり木箱に入れ圧縮して作るからです。

関西では鯖の押し寿司をバッテラと言います。大阪の寿司屋が1893（明治26）年に作り始め、ポルトガル語のbateira（小船）からその名があるとは洒落ています。バッテラの鯖の切り身は薄く、値段も安めで、表面に昆布がのっていて、気軽な昼食やお茶請けにされます。

松前寿司は棒寿司の一種で、大阪の寿司屋丸万が名付けたそうです。この寿司は、北海道松前藩から北前船で大阪に運ばれた高級白板昆布※（当時松前昆布と呼ばれていた）で巻いた寿司という意味です。身の厚い鯖と昆布の組み合わせに高級感があります。かつて登録商標を取っていた時期もあったようです。

※霜地昆布ともいう。昆布を薄く板状に削ぎおぼろ昆布を作る時、最後に残る昆布の芯の部分。用途によるサイズ別に販売されている。西日本では鏡餅のお飾りにも使われる。

❖ 世界へ羽ばたくsushi

海外で生まれ、逆輸入された寿司の代表格として、カリフォルニアロールがあります。発祥は1963年ロサンゼルスのリトル東京の「東京会館」だとされています。当時はタラバガニの脚身とアボガドをマヨネーズで和えたものを具にした巻き寿司だったそうです。やがて具にアボガド・サーモン・マグロ・キュウリなどを使ったバリエーションも生まれ、切り口がきれいな色合いでマヨネーズをソースベースにする味と組み合わせは当時の人びとに新鮮な驚きを与えました。当時は、まっ黒い海苔で巻いた寿司の姿に抵抗があったようで、海苔を内側にして巻いた「裏巻き」も登場しました。

これらが、日本で紹介されるとすぐに若い世代に支持されたことを皮切りに、全国に広がっていきました。

Sushi となって世界で羽ばたくきっかとなったのは、サンフランシスコで1906年に寿司屋が生まれたことからのようです。

1960年代にはロサンゼルスのリトルトーキョーで本格的な Sushi bar（ネタケースを設えた）寿司屋「川福」が生まれると、やがて1軒、2軒と本格寿司屋が登場しています。

当時はものめずらしさもあった sushi restaurants ですが、徐々に浸透し、多様化し、近年は café のようなスタイリッシュな寿司屋も登場。ミラノ、パリ、ニューヨークといった都市の景色に自然に溶け込んでいます。

海外での sushi もその国の風土と人々の嗜好と社会の価値観の変化とともに、進化していくものです。〝なんちゃって寿司〞や安価で手に入りやすい〝代用魚〞※をネタにした寿司だけでなく、本筋を踏まえた新作寿司の誕生も期待できるでしょう。

※寿司の代用魚の例として、サーモンはマス、鮪はガストロ、スズキはナイルパーチ、ねぎトロのトロはアカマンボウ、鯛はナイルピラニア、カンパチはシイラなど。伝統の寿司ネタでないという批判と同時に、今後の海洋資源の枯渇問題を考えると、代用魚は安定した食糧配給の見地からも必要とされると思われる。

❖ いつまでもcoolであり続ける寿司・鮨・sushi

寿司ネタとシャリのバランスにお好みはあるでしょうか。江戸時代には、シャリがおにぎりほどの大きさであったことは、前述しましたが、どうしてシャリは小さくなり始めたのでしょうか。それは、戦後の食糧難にありました。米の配給が制限される中、外食店には特に厳しく、思うように米が手に入らなかったといいます。しかし、紆余曲折の末、寿司屋は外食産業にあらず、と見なされます。それでも、米一合はすし10貫分と政府が定めました。シャリが小さくなったことをきっかけに、寿司の高級感は高まっていくことになったのです。最近では、シャリの量はますます少なくなっています。その理由は以前とは違い、ローカーボネートやダイエットなど、健康への配慮からでもあります。

現在寿司店は、ファミリー向けの気軽な店と、超高級店に分かれます。

寿司を〝気軽なごちそう〟にしたのは、1958年に大阪の寿司屋が始めた回転ずしです。目の前をベルトコンベアーに乗って運ばれる寿司は、さすが大阪のアイデア！驚きの演出でした。それから進化を続け、今では味も種類も充実し、シャリの小さなバージョンもあり、女性客に好評とか。加えてうどん、ラーメン、デザートなど、手頃な値段で何でも選べて、世代を問わず、特に子どもたちが喜ぶアミューズメントとエンターテイメントフードの花形の一つとなっていることはご存じの通りです。

一方、お品書きもなく、値段も分からない、おまかせだけの高級寿司屋も存在します。

例えば、江戸前にぎりの店内は、磨き上げられた立派な一枚板の白木カウンターと、装飾をそぎ落とした凛とした空間が思い浮かびます。職人が機敏に軽やかな手技で握る粋な寿司を、すぐに無駄のない所作で口に運ぶのがスマートなマナーです。にぎり寿司は、作り手と食べ手の絶妙なやり取りといわれていますから。

すしの歴史を振り返れば、日本沿岸の海水から作った塩、近海の豊かな漁場で獲れた魚、主食の飯を合わせ、時間をかけて発酵させた魚の保存食品に始まります。やがて、熟れずしとなり、押し寿司、巻き寿司、ちらし寿司などへと発展していきました。新鮮な魚介類と飯を鮮やかな手さばきで瞬時につくる握り寿司が登場し、一番の花形となりました。

一方、歳時記や慶弔時には欠かせない郷土の伝統ずしは、地方の風土と文化を彷彿とさせる心和む味です。中でも、飾り巻き寿司は華やかで楽しいものです。特に動物やキャラクターをかたどったかわいい姿は子どもたちに大人気です。人参、ゴボウ、シイタケ、ほうれん草…いろいろな野菜の綺麗な色を生かして、かわいらしい口や目に変身します。子どもたちと一緒に作って食べれば、苦手だった食材も好きになるかもしれません。

郷土の伝統ずしはいつまでも素朴さを大切に、握り寿司は洗練の美に磨きをかけ、他国食文化との融合も手伝って柔軟に斬新に変化していくことでしょう。

sushiには色々な顔があり、それぞれ魅力的な個性豊かな表情を持っています。今ではsushiの名を知らない外国人はいません。これからもボーダーレスに世界を舞台にファンをますます増やしていくsushi。時と場、共食する人によって、最もぴったりのCoolな寿司を選び、味わいたものです。もちろん予算も考えて。

（24頁　図A-19参照）

十二章

天麩羅

油で調理する華やかな和食

料理は常に風土と深く結びついています。日本ではどこでも豊かにあった上質の軟水をふんだんに使い素材を生かした料理が基本でした。それらの伝統和食の中で、たっぷりと油を使って料理するユニークな存在が天ぷらです。調理油はゴマ、えごま、カヤ、菜種など多種ありましたが、古くは食用より、照明、髪用に使われることが主でした。

油を使う料理であることが海外では親しみやすく、和食の代表的料理 Tempura として永く愛されてきました。

❖ てんぷら、その名の由来は

では早速、この天ぷらについて探訪していきましょう。

まず、てんぷらを漢字で書くと、天婦羅、天麩羅です。天婦羅は江戸時代に登場する当て字です。

天麩羅の「天」は上にあげるを意味し、「麩」はグルテンを含むもの、つまり小麦粉を指します。「羅」は薄絹のこと。つまり、小麦粉を薄い絹布のように付けて、油で揚げたものという意味です。まさにこの料理を説明した漢字を当てた名前ですね。

ではこの名前「てんぷら」の由来をお話ししましょう。実は諸説あり、確定的なものはありませんから、これからお話する説のうちどれが本当か、皆さんの推理力を働かせてみて下さい。

まず一つの説は、江戸後期の戯作作家である山東京伝が名付けたという説です。

大坂の商人の次男である利介という男が芸者と駆け落ちをし、江戸へ逃げてきました。彼らは京伝の家の裏あたりに落ち着き、京伝と顔見知りとなり、親しく話をするようになりました。するとある日、利介は「大坂には付け揚げという魚のすり身を揚げた美味しいものがあるが、江戸にはない。とにかく美味しいので是非江戸で売ってみたい」というのです。

百聞は一見に如かず、と一度作らせて食べてみると、これがとても美味しい。「ぜひ商売にしなさい！」「では京伝先生、何か良い名前を付けて下さい」とのこと。さて、どうしたものかと知恵を絞った京伝先生。住所不定の浪人を指す言葉である天竺浪人から一文字を取り「天」、小麦粉を衣にするから「麩」、薄い衣のようなので「羅」、そこで天麩羅と名付けたとのことです。

この話は1846（弘化3）年発刊の山東京伝著『くもの糸巻』に書かれています。しかし、彼は戯作作家ですから、すべてを真実と鵜呑みにはできないでしょう。ノンフィクションの可能性は低いかもしれません。

もう一つの説は、ポルトガル語、あるいはオランダ語に由来するというものです。

オランダ語では、調理・調味料をtemporaと言い、ポルトガル語ではtemperoと言います。また、temperarとは味を付けるとか、調味料を加えるの意味があります。どちらの言葉も安土桃山時代に伝えられ、天ぷらの語源となったという説です。

三つめの説は、天麩羅と書いてあぶらと読めるので、油を使った料理であることを示す当て字だというものです。

さて、どれが本当なのでしょうか。想像を巡らせ推理してみて下さい。どの説も一理ありますが、皆さんはこれら3説の中なら、どれが真説だと思いますか。

❖ 揚げ物の歴史

日本での揚げ物の歴史を紐解くとかなり昔にさかのぼることになります。

そこには大きく三つの段階があります。

第一の段階は、奈良時代から平安時代です。当時の貴族の特別な宴の料理形式は大饗料理と言われるもので、大陸文化の影響を大きく受けていました。（本書「酢の章」をご参照下さい）その宴会では、ダイニングテーブルのような大きな机にクロスのように布を敷き、人々が向かい合わせに座ります。箸だけではなく金属製のスプーンも使い食事をし、デザートには米粉を水で練り、油で揚げたものが供されたのです。それらは、硬いドーナツのようなもので、様々な面白い形をしており、唐菓子《からくだもの》※と呼ばれていました。

しかし、このテーブルも、スプーンも、揚げ菓子も、すべて鎌倉時代までに全く姿を消してしまいます。今では、そのほんの一部の伝統揚げ菓子を伝える御菓子屋があることと、神社の神饌としてその姿を見ることが出来るだけです。（図3―9）

図3―9

清浄歓喜団
個性的な形が目を引く。中には7種の香を練りこんだ漉餡が入っており、胡麻油でじっくりと揚げてある。

※唐朝から伝わった菓子。米粉や小麦粉に甘葛の汁を加えこね成形し油で揚げたもの。八種唐菓子は、梅枝《ばいし》、桃枝《とうし》、餲餬《かっこ》、黏臍《てんせい》、、桂心《けいしん》、饆饠《ちひら》、鎚子《ついし》、歓喜団《かんきだん》である。

次の段階は、鎌倉時代に登場した禅僧の精進料理に見ることができます。

僧侶たちは、「生臭物」と呼ばれた動物性たんぱく質を摂りませんでしたが、「精進物」を高カロリーでエネルギー源となるように料理法を工夫していました。例えば、味を付けた食材に衣をつけてゴマ油で揚げるのもその一つでした。やがて、その調理法が一般にも伝えられていったのです。

第三の段階は、江戸時代です。

鎖国をしながらも、長崎という限られた場所でだけ海外文化との接触があったその時代、一部の役人や丸山芸者を通じて、唐や南蛮といわれたスペイン、ポルトガルの揚げ物料理が伝えられたのです。（図3―10、11）

今でも長崎ちゃんぽん、皿うどん、カステラなどの長崎郷土料理は観光客に人気ですが、これらには歴史の足跡としての中国料理と西洋料理の色合いが強く感じられます。

図3―10

長崎菓子店

図3―11

卵と砂糖たっぷりの南蛮菓子　カスドーズ

図3—13、14

卓袱料理　丸山花月

図3—12

料亭　丸山花月　玄関

なかでも、長崎の卓袱料理には、東坡肉《トウロンポウ》、タルト、パイ、フリッターなどから影響を受けた個性豊かな料理が並びます。当時は大変高価だった砂糖と油をふんだんに使うため、限られた人々だけの異国の香り高い高級料理でした。

中国風の円卓で食べるそれらの料理は、現代でも何とも魅力的で、私はその独特の世界に引き込まれてしまいます。そしてまた何度でも長崎を訪れたいと思ってしまうのです。（図3-12、13、14）

❖ 安い·早い·旨い天ぷらの登場

江戸中期には物流が盛んになり、揚げ物は江戸にも伝えられます。この頃には、各地から人々が集まる江戸の町は世界で一番人口の多い大都市になっていました。特に仕事を求め集まる単身赴任や独身の男性が多く、安くてすぐ食べられる美味しい外食が求められました。そこで生まれたのが屋台料理です。寿司、そば、と並び人気を博したのが天ぷらでした。油で調理するおいしさとボリューム感に加え、ユニークさから庶民に愛されたのです。

江戸では始めはゴマ揚げと呼んでおり、天ぷらと呼ばれ始めたのは1780年前後とされており、江戸と京坂の天ぷらは違ったものでした。

当時の天ぷらを記述したものを『守貞漫稿』1853（嘉永6）年からご紹介すると、「京坂の天ぷらは、半平の油揚げをいう。江戸の天ぷらは穴子、芝海老、コハダ、貝柱、スルメなどすべての魚類にうどん粉をゆるく溶きて衣とし、しかる後に油揚げしたるをいう」とあります。前記した山東京伝著の『くもの糸巻き』の中にある利介の話のとおりです。（図3―15）

つまり、当時の京坂の天ぷらは付け揚げと呼び、野菜や、魚のすり身を揚げたものでした。一方、江戸の天ぷらは魚介類に衣を付けて揚げたもので野菜は揚げませんでした。江戸の目前には江戸前と言われる江戸湾があり、新鮮な魚介類の宝庫です。ぴちぴちの魚を売る日本橋の魚河岸のすぐ横で、新鮮な小魚や雑魚など安価なものをネタに、衣をつけゴマ油で揚げたのが屋台の天ぷらの始まりでした。そこで、屋台天ぷらは、「たね七分に腕三分」と言われたのです。つまり、安くても新鮮な江戸前の魚介類を材料に使うことが、その味の命でした。

図3—15

極征　勝陣揚=精進揚げ
かなよみ三百十五号 竹内栄久
明治初期創刊の仮名読み新聞の挿絵。海苔、牛蒡、茗荷、蓮根、薩摩芋、生姜、三つ葉などの品書きも興味深い。　味の素食の文化センター所蔵

では、今から私たちも江戸の町人になって天ぷら屋台に行ってみましょう。

庶民の味ですから、そうは高くないでしょうが、一ついくらぐらいなのでしょうか。当時のお金で一つ4文、約100円ぐらいだったようです。4文銭を数枚持っていれば、何種類か食べられそうですよ。町を歩くとあちらこちらに天ぷら屋台があります。

一つの屋台の暖簾をくぐりましょう。目の前には江戸前で獲れた魚介類が並びます。好きなものを注文するとその場で揚げたてアツアツを頬張ることが出来るのですから、これは人気があるわけですね。

屋台の主人は愛想よく、注文のネタを揚げてくれます。そこにはお客様を考えた工夫が色々ありました。立ち食いですから、まず食べやすさが大切です。そこでネタを竹串に刺

して揚げてあるのです。屋台の脇に天つゆの器があり、そこに串ごとどっと浸けて、そのまま手で持って食べられるのは嬉しいですね。

現代人の私たちは、ついアツアツサクサクの軽い衣を想像しますが、ちょっと待って下さい。当時は電気もガスもなく炭火ですから、火力の調節は出来ず、衣はそれほどカラッとは揚がらないのです。今ほど油ものになれていない人々には、そうたくさんは食べられないのです。そこでもう一つ工夫をしました。天つゆの器の横にもう一つの器が置かれています。大根おろしです。なるほど、油のこってり感に大根の辛みとさっぱり感が口当たり良く、油ものを頻繁に食べる習慣のない江戸時代の人々には、消化も助ける嬉しい脇役だったようです。

食べ終わった串は筒形の器に挿しておくと、最後にお勘定です。手は油でベトベトになるので、こんな川柳も残っています。

「てんぷらの指を擬宝珠へこすりつけ」

この川柳を真似てはお行儀が悪いですから、懐に入れておいた懐紙で手を拭きましょう。

町を歩いていて、屋台から漂ってくる香ばしい胡麻油の匂い。小銭もあるし、ちょっと一本食べようかという気分になります。特に天ぷらは、ボリュームもあり、カロリーも高いので、少し食べれば満足感もあります。江戸っ子にも人気が高かったのです。（図3－16）

図3—16

風俗三十二相　むまさう　月岡芳年
魚の天ぷらを楊枝で刺して食べようとする遊女。色っぽい美人の表情から天麩羅が一層おいしそうに見える。望月も美しく輝く。
味の素食の文化センター所蔵

こう話していくと現代の串カツ屋さんに似ていませんか。B級グルメとして名高い串カツ屋さんも、目の前で揚げてくれて、一本数百円と安い。ソースをつける時は、もちろん2度漬けは禁止です。江戸っ子が現代にやって来れば、一度串カツ屋さんに連れて行ってあげたいですね。食べたことのないソースの味にはビックリするでしょうが、「天ぷらに似ているじゃないか」というかもしれません。

ところで、皆さん天ぷらそばはお好きですか。このコンビネーションの始まりは、天ぷら屋台の隣に蕎麦屋台があり、客がかけそばの上にちょっと天ぷらをのせてみたらおいしかったからだといわれています。この話の信ぴょう性は定かではありませんが、さまざまな屋台はそここにあり、庶民の日常に欠かせないものだったことは確かです。

天ぷらをはじめとする安くておいしい屋台料理ですが、当時は庶民の下賤な食べ物というレッテルが張られていたため、武士など身分の高い人々は食べないことになっていました。ところが、屋台料理のウマさを聞きつけて、こっそり食べに来る武士が後を絶たなかったようです。いつの世も食欲には勝てないのが人の常ですね。

この点から考えると武士よりむしろ、町人や庶民のほうが自由に好きなものを食べて暮らしをたのしんでいたのかもしれません。

天ぷらは江戸で高い人気を誇りながら、長らく屋台だけしかありませんでした。店を構えることがなかったのは、火と多量の油を使う天ぷら料理は、火事の危険性が高いことが理由です。当時は、「火事と喧嘩は江戸の華」と言われたほど火事が多く、万一の時はあっという間に広範囲に類焼するため、店舗での天ぷら店の営業は長い間許されてなかったのです。

❖ 高級料理「天ぷら」の始まり

やがて、江戸末期には上流階級の人たちのための高級料理として新しい粋なスタイルが生まれます。御座敷天ぷらです。その名の通りお座敷で天ぷらを食べられることがウリでした。

当時の屋台天ぷらの衣は、小麦粉を水で溶いたシンプルなものでしたが、お座敷天麩羅の衣には卵を加えて衣は黄色を帯び豪華さを強調しました。この天ぷらは「金ぷら」と呼びました。卵が広く食べられるようになるのは江戸時代からですから、ちょっとおしゃれな高級なイメージが強調されたでしょう。

「金ぷら」の材料には諸説あり、小麦粉の代わりにそば粉を使ったからという説や、揚げ油を椿油にしたからという説もあります。

「金ぷら」の創始者は、深川亭文吉という人物で、文政年間（1818〜1831年）に両国柳橋で始めたとされています。嘉永年間（1848〜1859年頃）出版された『新版御府内流行名物案内双六』によると、諏訪町（現在の台東区駒形あたり）に金麩羅屋があると書かれています。

「金ぷら」があるならと、卵の白身だけを加えた衣をつけて揚げた「銀ぷら」も登場しましたが、こちらは人気が出ず消えていきました。やがて、珍しい食材を揚げた天ぷらである「珍麩羅」というものも登場しましたが、ブレイクしなかったようです。

そこで登場したのが「出張天ぷら」です。いわゆるケータリング出張シェフサービスです。これは豪華の極みです。油と材料と鍋を持ち込み、客の前で揚げるパフォーマンスと臨場感が生むフードエンターテイメントサービスは、おいしさもグンと倍増させたはずです。

これは人気が高く「大名天ぷら」と言われました。

このように、天ぷらは庶民のための屋台料理と、特別な人々のための高級料亭スタイルに二分化し、明治時代へとつながっていきます。

❖ 進化する天ぷら

さて、明治以降のてんぷらの変遷で忘れたくないことがあります。それは、大正十二年の関東大震災です。震災は、東京での営業をさえぎり閉店を余儀なくしたのです。天ぷら職人たちは全国に散らばり、江戸前天ぷらが全国に広まることになります。

東京の復興と共に再び帰京した時には、各地の特徴を加えた新しい江戸前天ぷらを提供することになるのです。例えば、さっぱりとした太白胡麻油を使って揚げるあっさり味の関西風、塩で食べる、野菜をネタに揚げるなど、江戸前天ぷらにもバリエーションが生まれました。

❖ 吉田茂のtactics　巧妙な戦術

時代は流れ、終戦直後の吉田茂首相と天ぷらの有名なエピソードがあります。

彼は、敗戦国の首相として戦後処理のため米国要人やＧＨＱの人々との交渉に臨むとき、邸宅にピカイチの高級天ぷら屋を呼び寄せ、アメリカ人たちと旨い揚げたて天ぷらに舌鼓を打ちながら、相手の腹を開かせ交渉したと言います。油を使う天ぷらは外国人も食べやすい和食だったはずです。美味しい日本の伝統料理を共に食べることは、暗に日本を誇り、卑屈にならず、米人との距離を縮め、ある種の連帯感を生むことを意図した吉田茂流の巧みな外交交渉術でしょう。敗戦国として勝戦国にただ従うのではなく、外交には勝たんとばかりに、少しでも日本に利のある決定にするために様々な戦略を使ったうちの一つが、天ぷらだったのです。「同じ釜の飯を食う」という共食の力は大きいことの証をここにも見ることが出来ます。

❖ 家庭で揚げるヘルシー・おいしい天ぷら

天ぷらは、衣はサクッと軽く、具はジューシーで上手く火が通っていることが美味しさのポイントです。そのためには、ネタの鮮度と質、油の種類と鮮度、衣の作り方、火の通し加減など、複合的な多くの条件が必要です。どうも素人が美味しい天ぷらを揚げるのは難しそうですから、天ぷらは好きだけれど、自分で揚げるのは苦手、使用後の油の処理も面倒という方も多いかもしれません。そこで、天ぷらはお惣菜コーナーで買うものか、もしくは天ぷら屋さんで食べるものと決めている方もいらっしゃるでしょう。

しかしここで、家庭で天ぷらを揚げるときの、材料と作り方について少しご紹介しましょう。


伝統的な江戸前天ぷらを目指すなら、香りと風味が豊かな焙煎胡麻油100%で揚げるといいですね。一方、関西風に焙煎せず絞った太白胡麻油を使うと、味もあっさり軽めな仕上がりになります。

油の種類は数々あり、ご存知の通りゴマ油の他に、コーン油、綿実油、大豆油、菜種油（キャノーラ）、紅花油（サフラワー）、ひまわり油、落花生油、オリーブ油、ヤシ油など、植物性油もたくさんあるのです。サラダ油はこれらの植物油をブレンドしたものです。


油は好みで選びますが、善玉脂肪と言われる不飽和脂肪酸であるオレイン酸が多いものを選ぶとヘルシーです。生活習慣病を予防し、体内に入っても酸化しにくいともいわれています。オリーブ油、ゴマ油、紅花油、菜種油はオレイン酸が多い油です。

油は空気に触れると酸化します。使っていなくても表面から酸化しますから、空気、熱、光の影響を受けにくい環境で保管すること、買ったら早めに使い切ることが大切です。私はなるべく小さな容器の油をこまめに買い、開封したら短期間に使い切るようにしています。

また、油を熱すると急激に酸化が進みます。温度が高いほど酸化率も上がります。

つまり油で揚げた天ぷらは、味の上でも健康の上でも、揚げたてをすぐ食べたほうがいいのです。

天ぷらを揚げると、必ず天かすが出ますが、その場ですぐに取っておくと油の劣化が防げます。

天ぷら屋さんで目の前で揚げる職人さんの手元を見ていると、揚げる先から天かすを掬い取っていますが、それは油の劣化を防ぐおいしさのポイントだからなのです。

また、同じ油で何度も繰り返し揚げていくと油の色も濃くなり、何となくドロッと粘り気が出てきます。この油で揚げると、油キレが悪く、火の通りも遅く、味も良くない上に、酸化しており、老化の原因にもなります。

天ぷら屋さんでは、常に油をきれいに保ち、注ぎ足しをしていますが、家庭では毎日揚げ物をしない限り、一度使った油は保管せず、その都度処理することが理想です。

私は、揚げ物に使った油はもったいないようですが一度きりで捨ててしまいます。そのため、少量を底面積が小さめの鍋に注ぎ入れ、ある程度の深さのある油にして揚げています。

天ぷらのもう一つのポイントは衣です。衣を付ける目的は、そのサクサク感を楽しむためと、ネタの水分を取り過ぎず中まで火を通すためです。衣をカプセルにして蒸すことでネタの味を引き出してもいるのです。

衣の材料は、薄力粉、水、卵が一般的です。ご存知の通り、小麦粉は混ぜるほどにグルテンが形成され粘りが出ます。パン作りならよくこねることがコツですが、てんぷらの衣には粘りはNGです。粘りのある衣は、衣の水分と油が上手く入れ替わるのを妨げるため、ベタッとして軽くサクッと揚がりません。そこで、美味しく軽い衣を作るには、数回混ぜるだけ。また、グルテンは温度が低いほうが粘りが形成されにくいため、冷水や氷水を使います。水の代わりに冷たい炭酸水を加え、軽いサクッとしたフリッター風の衣にするのも一案です。

ネタには少し小麦粉をふるっておくと衣がしっかりとまとわりつく上、ネタの表面の余分な水分も吸い取ってくれるので、サックリ揚がりやすくなります。

一般的には、魚介類は高め、野菜は少し低めの油で揚げ、泡が小さくなり落ち着いてきたら、箸で触り、外の衣がしっかりしていれば、それが出来上がりのタイミングです。

家庭ではキッチンで調理して器に盛り付け、食卓に運んでみんなで食すというたくさんのプロセスと時間を経るため、揚げたてアツアツを食べるのはなかなか難しいです。そこで、揚げ過ぎず余熱で火を通すほどのタイミングで油から取り出すのも、一つの方法です。

なかなか天ぷら屋のような味と食感には近づけませんが、少し味にバリエーションを生んで楽しむ工夫をしてはいかがでしょうか。

時にはひと手間かけて、ネタによって揚げ油を変えるのも一案です。小さめの鍋を二つ用意して海老、穴子など伝統的な江戸風天ぷらのネタには風味の強い焙煎ゴマ油で、野菜類は太白ゴマ油で揚げるとプロっぽい贅沢なイッピンになるでしょう。

また、100%ゴマ油でなくとも、サラダ油にゴマ油を少し加えるだけで風味が増す手軽な方法もあります。

また、多種のタレを用意しておくと味に変化がつきます。天つゆ、おろし大根に加え、おろし生姜、七味、抹茶塩、スダチやレモンなど柑橘類、カレー粉、山椒塩、マヨネーズ、ケチャップ、醤油など、アイデアのままに色々試すといいですね。醤油を使うなら、かけたり、つけたりするより、スプレーボトルに入れ2、3プッシュ振りかけると、均等に優しく味を纏い、天ぷらのうま味を引き出してくれます。また、粒状やパウダー状の醤油を一つまみ使うのも一案です。

私は時々ちょっと目先の変わったネタを揚げます。例えばモズクや梅干し、出汁昆布の天ぷらです。

モズクは味付けしていないものを衣に絡めてかき揚げのように、梅干しは蜂蜜を加えた甘味もあるものに衣を絡めて揚げます。出汁昆布はキッチンばさみで食べやすい大きさに切り、片面だけに衣をつけて揚げます。どれも素材そのものの味だけで美味しく食せます。（24頁　図A－20）

❖これからも進化するCoolな天ぷら

食を探訪していくと、日本人は外から伝わったものを素直に受け入れ、日本スタイルに変え、あたかも日本で生まれたもののようにする天才だと感心します。

天ぷらは、水の料理といわれる和食の中にあって、海外から伝えられた油による調理法を上手く取り入れたものです。たっぷりの油の中で泳がすように、ディープフライングすることで、軽くサックリと仕上げます。天ぷらは、伝統和食の料理になり、今では世界で知られるTempuraになりました。

衣に守られながら、たっぷりの油で揚げることで、食材を蒸すように加熱し、そのうま味を閉じ込め、食べた時に衣から滲み出る油と食材の味を口中で絡み合わせた時に、おいしさを発揮する複雑で繊細な料理である天ぷら。日本人の気質が生んだCoolな伝統料理なのです。

天ぷらの歴史をさかのぼると、大陸から揚げ菓子が伝えられたことから始まりました。それらは、平安時代の貴族の饗宴料理に取り入れられましたが、やがて表舞台から姿を消すのです。再び登場したのは、鎌倉時代です。精進料理の調理法の一つとして揚げ物が確立されたのです。やがて、江戸時代には天ぷらとして屋台料理の花形となり、庶民に愛されました。江戸末期には、南蛮料理の要素とも合流し、天ぷらは進化していきます。

１９２３（大正12）年には関東大震災で大きな打撃を受けた中で、天ぷら職人たちは様々な地域に散らばり、逞しく商いを続けました。江戸前天ぷらを守りながら各地の天ぷらの特徴を取り入れ、その努力により、天ぷらはより多彩に、豊かにますます美味しく進化したのです。

そしてこれから、海外の食文化との融合でみせるその姿はもっとcoolに魅力的に変容していくでしょう。

十三章

佃煮

大阪発祥の江戸伝統保存食品

佃煮は伝統保存食品ですが、毎日召し上がる方はそんなに多くないのかもしれません。日常の食卓にはシズル感満載の垂涎の食品が溢れているし、佃煮の濃い味を楽しみながら、白いご飯を思いっきり食べるのも流行らないのでしょうか。

しかし佃煮は長く保存が効き、小魚などは頭から腹、尻尾まで骨もすべて食べきれる栄養豊富なホールフードです。もったいない精神を反映した、始末する食品※でもあります。無駄を出さず使い切ることが鉄則の家庭料理にピッタリの食品です。

※工夫を凝らし無駄なく食品のすべてを使いきること。倹約して慎ましく素材を最大限に生かし切るもの。（図3―17）

図3―17

昆布の佃煮と日本酒

今では昆布、野菜、肉類も含め、さまざまな食材を使ったご当地佃煮がある中で、老舗と言えばやはり東京は中央区佃の佃煮でしょう。この地の店々は江戸時代創業の長い歴史を持っています。なるほどそれなら、佃煮は江戸発祥の食べ物かと思いきや、実はそうではないのです。

では、佃煮の歴史を探訪していきましょう。

❖歴史上の大事件と佃煮

佃煮発祥の物語は、大阪は西淀川区佃に始まります。

佃は神戸と大阪の間に位置する神崎川と左門殿川に挟まれた中州です。大阪府の西の端に位置します。私は西宮市に住んでいるので、JRで東に向かうときはいつも佃島を通過しています。高層マンションと古くからの金属工場が共存する下町の風情ある地域です。

佃煮の始まりは天正10年6月4日（1582年6月23日）に遡ります。

歴史に詳しい方ならこの日付から、ある大きな事件を思い起こすでしょう。そう、明智光秀によって本能寺が焼き討ちに合い、織田信長が亡くなった天正10年6月2日の「本能寺の変」の2日後です。この変の直前には寺で信長主催の茶会が開かれ、当時の最高峰とされた茶道具は、ほぼすべてこの寺に集まっていたようです。残念ながら、それらもすっかり焼失して灰になっています。

この本能寺の変と佃煮には深い関係があります。

この変が起こった時、徳川家康は家臣33名と共に堺に滞在中でしたが、この一大事を素早く密使により知りました。信長と親交の深かった家康は、すぐに自分の命が狙われると覚悟しました。しかし33名の家臣だけでは戦うこともできません。考えた末に岡崎城に戻ることを決めますが、その時には既に、岡崎への道は明智軍によって阻まれていたのです。

それなら普段は決して通行することのない険しい道を進み、城を目指すしか選択肢はないのです。その道を進むには、地の利に詳しい者の先導が必要でした。

危険な道中を同行し家康の身を守ったのは、服部半蔵率いる伊賀の一団でした。彼ら忍びの者たちが、知り尽くした極秘の裏道を巧みに選びながら、家康一団を岡崎城へ安全に導いたと伝えられています。これが歴史に残る伊賀越えです。

❖ 家康を助けた佃煮

この伊賀越えをスタートするにあたり、家康は知恵を絞ります。明智の謀反をまだ知らない素振りで敵を欺くため、あえて岡崎とは方向違いの佃にある住吉神社（別名田蓑神社）に参り、続いて神崎川を北上し、家康のルーツである源氏を祀る摂津（現在の川西市）の多田神社に参拝し、そこから伊賀を越えて城を目指すルートを計画します。

ところが、神崎川を上るための肝心の渡し船がないのです。足止めを食らった一行を救ったのが佃の庄屋であった孫右衛門でした。彼は地元の漁師たちを即座に集め、漁船を用意し、道中の食料に飯と備蓄食を差し上げたのです。その備蓄食こそが佃煮のルーツです。地元の人々は不漁の時のために小魚を塩茹でにして保存していました。雑魚や貝類を塩で味付けして煮たものです。保存も効き栄養もある佃煮は、旅の最適の食料として家康たちを大いに助けることになるのです。当時の佃煮には、醤油は使わず塩味でした。

このエピソードから、家康は孫右衛門とはおそらく以前から既知で、接触もあったのだろうと推測できます。

孫右衛門たちの協力で、無事に多田神社での参拝を終え、半蔵たちの協力で、無事に伊賀越えをして城に帰り着くのです。インターネットなどの通信手段のない当時は、いかに様々な人たちとの信頼ある人間関係を築き、いかに早く正確な情報を得て、決断と行動をするかが何より重要でした。家康にはそのネットワークと戦術があったのです。

佃島から多田神社を目指し、船で川を上る直前、一行は孫右衛門宅でひと時の休息をしました。その様子が書物に残っています。孫右衛門は家康に、家伝の開運石を披露し、白湯を出したとあります。当時の庶民の飲み物は茶ではなく白湯でした。（本書「茶の章」をご参照下さい）家康はその石を見て、開運の吉祥だとして大変喜んだようです。

その時、家康は屋敷内にあった松の大木3本を眺めながら「木を3本合わせると森となる。これからは森と名乗るがよかろう」と言ったとの事。この時、庄屋孫右衛門は苗字を頂く名誉を得たのです。この感謝を忘れぬようにと、代々長男はこの森孫右衛門という名前を受け継いでいくことになります。現在、森孫右衛門の供養塔は築地本願寺境内で見ることができます。

その後も江戸幕府を開くことになる家康と佃島の漁師たちとの関係は続きます。

1614年の大坂冬の陣、1615年の夏の陣でも、彼らは徳川軍に味方し、情報伝達や、船の手配、食料や武器を集め運び、戦いを勝利に導くために力を貸したのです。

❖ 家康ゆかりの神社

大阪佃の住吉神社の別称である田蓑神社は、家康が名付けたとされています。「漁業も大切だが、人はまず田で働け」と言ったことからこの地を人偏に田と書いた佃と名付け、この言葉から田んぼと蓑で田蓑神社としたと伝えられています。

この神社を訪れるとまず1511年代に造られた石造りの鳥居をくぐります。境内に入れば、かわいらしい丸顔の狛犬さんが迎えてくれます。それは1702年に奉納された「なにわ狛犬」です。大阪府下で最古のものとのことです

この境内には「佃漁民ゆかりの地」と刻まれた碑がひっそりとあり、家康ゆかりの東照宮の社もあります。私もそっと手を合わせ、佃煮の歴史に宿る物語から当時に思いを馳せました。（図3－18、19）

図3―18

田蓑神社鳥居

図3―19

田蓑神社拝殿

❖ いざ、江戸へ参ります！

　これらの経緯から、佃漁師たちと強い信頼関係を築いた家康は、江戸開府の時、佃の人々を江戸に呼び寄せるのです。１５９０年に家康の命により、孫右衛門を筆頭に33名の漁師と住吉神社の神主平岡権大夫好次が江戸に下りました。

　まずは、徳川家の御肴役として小石川などにある武家屋敷内に分かれて住み込み、手当を貰っていました。御肴役とは、将軍家の人々に新鮮な魚を納める仕事です。高価な白魚の漁業権も得て、税金も免除されていました。実は白魚の頭の模様が徳川家の葵の御紋に似ていることから許可なく獲ることは決して許されていなかったのです。もちろん庶民の口には届かないものでした。

　このような特別な立場でしたが、彼らの漁師としての仕事は表向きのもの。実はもう一つ、最も大切な仕事がありました。海上探察と港の警護です。

　伊賀越えを助けた伊賀の半蔵たちも江戸の警備役として呼び寄せられます。今も半蔵門の名があるように、彼は江戸城の西門の警護を任されていたわけです。

　彼らは、江戸の海と陸の治安を守り、家康の腹心であり幕府の縁の下の力持ちだったのです。

❖ 新しい住居地へ

　やがて、三代将軍家光の時代になると、江戸の町の整備が進み、封建社会を徹底させるために町家と武家屋敷を分離することが義務付けられました。そのため、今までのように屋敷内に住み込むことが出来なくなった彼らは、幕府から当時の鉄砲洲（現在の中央区湊町と明石町）の東の干潟、百間四方１８０㎡を住居地として下賜されました。この土地に彼ら自身で土を盛り、15年の歳月をかけ、１６４５（正保元）年に島を完成しました。尽力を注いだその島は、先祖の故郷である大阪の佃に因み、佃島と名付け住吉神社（田蓑神社）を分祀し、神社を1646（正保3）年に建てたのです。

当時の佃島は石川島と陸続きではありません。石川島は自然にできた三角州で、家光から石川八左衛門が拝領したことからその名があります。

当時の石川島には無法者や罪を犯した者たちを収容していました。彼らは人足として働いており、当然治安は悪く、一般の人々の立ち入れる場所ではありませんでした。江戸の市中とは船で結ばれていましたが、常に人足たちや船を見張る必要がありました。一筋縄ではいかない粗暴な連中を上手く牛耳っていたのが佃島の漁師たちでした。

図3—20

東京佃島風景
高層ビルと下町の風景が融合する魅力的なスポットとなった佃島

今では両島は陸続きとなっています。下町の風情と現代的な高層ビル群の見せる新旧の織りなす景色と、もんじゃ焼きをはじめとするB級グルメが、海外からの観光客をも引き付ける魅力的なスポットとなっていることはご存知の通りです。（図3―20）

❖江戸の住吉神社とその祭り

住吉神社では今も毎年8月には例祭が行われます。3年に1度の盛大な本祭りと、規模が少し小さい蔭祭りを繰り返します。本祭りに立てられる6本の幟はシンボリックなものですが、幟の柱や抱木《だき》は、空気に触れると木が腐るため、3年の間、河口付近の川底に埋められています。本祭りの年には、水の引く干潮時を狙って掘り起こされます。（図3―21）

図3—21

佃川支川（佃堀）に埋まる抱木と柱

祭りでは、獅子頭の宮出しや八角神輿の宮出し、神輿を船に乗せて氏子地域を巡る船渡御が行なわれます。（図3－22）

私が佃島を訪れた時は、まさに本祭りを前にして神輿を整備している最中でした。地域の男性たちは半被に捩じり鉢巻姿が板に付き、粋でいなせなホレボレする姿でした。江戸っ子の威勢の良さと気風の良さが光るCoolな祭りであることはすぐに分かりました。この江戸らしさ満載の神社はなんと、大阪は佃の住吉神社（田蓑神社）を源にした分祀なのです。

図3―22

名所江戸百景　佃じま住吉の祭　歌川広重
本祭りでは、佃島に高さ18mにも及ぶ6本の大幟を立てる。寛政年間からの決まり事である。
出典:国立国会図書館

❖ 日本中に広がる佃煮

江戸時代、佃島の人たちはこの地で漁をし、最も新鮮で上質な魚と白魚を江戸城に献上していました。

彼らの漁法は群を抜いて優れており、どこの漁師よりダントツの水揚げ量でした。そのため、献上しても残る魚量がかなり多く、市中で売るようになります。これが魚河岸の始まりです。新鮮で安価な魚は、屋台の寿司屋や天ぷら屋が絶好のネタとして求めました。ここでは佃島で獲れた雑魚を煮た佃煮も売られ、市中の江戸っ子にも親しまれるようになります。

当時は小田原河岸と呼ばれたその場所は現在の日本橋と江戸橋の間の地域です。今ではその場所に当時を思わせるような面影は全くありませんが、ビルの狭間にある広場に建てられた碑がその事実を伝えています。

ちなみに、日本橋魚河岸をひらいたのは、二代目の孫右衛門の次男、九左衛門だと言われています。

魚河岸は、関東大震災後に築地に移転し、東京都中央卸売市場となり、2018年10月11日には、豊洲へ再び市場移転したのはご存知の通りです。

大阪の佃で生まれた当時の佃煮は雑魚の塩煮でしたので、むしろ現在のイリコやチリメンジャコに近いものでしたが、やがて江戸時代後期になると、千葉銚子で醤油が大量に作られるようになり、醤油で煮詰める佃煮が生まれます。

江戸湾で獲れる様々な魚介類を注ぎ足し醤油で煮込んだ佃島の佃煮は、大変おいしく、江戸詰めの大名たちの膳にものぼるようになったのです。当時、砂糖は高価で広く普及していないため使われていませんから、塩味の強い醤油で煮詰めたものでしたが、その塩分で長期保存も可能だったことが幸いして、江戸っ子のみならず、地方からきた人たちが江戸土産として購入し、全国に広がっていきました。

江戸時代も終わりになるころには、味醂や砂糖を使い、甘味がある佃煮が作られ始め、現代の味に近づいていくのです。

（図3－23）

❖ 伝統食品・佃煮の豊かな世界とその力

日常ではどちらかというと地味なサイドフードである佃煮ですが、伝統食品として長く息づいてきた中で、とてもエキサイティングで豊かな物語を持っているのです。

江戸の佃煮を正統派とするなら〝始末する手作り食品としての佃煮〟も愛すべき存在です。私は昆布と鰹で出汁を引いた後の昆布をせん切りにし、鰹節と一緒に乾煎りして酒と醤油で味を付ける自分流簡単佃煮をよく作ります。時に炒り胡麻を加えたり、七味を振ったりすると味も変化します。ちょっと素敵なぐい飲みの杯などに盛り付ければ、箸休めにも、酒の肴にも良し、おにぎりの具にしても、ご飯にかけても良しです。

佃煮はもう一品何かないかな？という時、キッチンの片隅で、冷蔵庫の中で、その出番をそっと待っている食卓の常備菜、お助けの逸品、そしてもちろんCoolな日本の味なのです。

図3—23

伝統の味を受け継ぐ佃煮屋

十四章

牛鍋とすき焼き

近代化の黎明はハイカラ料理から

近代化の黎明期である文明開化の潮流のなかで、西洋料理を取り入れた和洋折衷料理が数々生まれました。そこで、日本伝統の料理を「和食」とよび、西洋料理の要素を取り入れた料理を「洋食」と名付け、二つを区別しました。それから約150年を経た今では「洋食」は広く人々に親しまれている日本の代表的な料理となりました。

思い浮かぶだけでも「洋食」は…、ビフテキ、カツレツ、カレーライス、ハンバーグ、コロッケ、オムライス、エビフライ、ハヤシライスなどなど。加えて、カレーパン、アンパン、ジャムパン、ラムネなども当時生まれた洋風の食べ物や飲み物です。

その中で、「煮て食べるハイカラな鍋料理」である牛鍋は、文明開化のシンボル的存在でした。「牛鍋喰わぬは開化せぬ奴」という言葉が流行し、時代に乗り遅れないためには、美味しいまずいと言う前にまず口にするべきもの、それが牛鍋だったのです。

これから、波乱万丈の牛鍋とすき焼きの変遷を探訪していきましょう。

❖ すき焼きとはどんな料理?

牛鍋とすき焼きはどう違うのでしょうか。牛鍋と混合されがちなすき焼きは、いつごろから食べられているのでしょうか。

すき焼きは、江戸時代からあるとされ、牛鍋より歴史は長いのです。

文献を紐解けば、すき焼きの名称は、江戸初期、1643年刊行された『料理物語』、江戸後期に書かれた『料理談合集』に見つけることができます。

また、『料理指南』には、「鋤の上に鳥類を焼く也。いろかはるほどにてしょくしてよし」とあります。

『鯨肉調味方《げいにくちょうみほう》』には、「鋤焼きとは、鋤のよく擦れて鮮明なるを熾火の上に置きわたし、それに切肉をのせて焼くをいふ」とあります。つまり、きれいに磨いた鋤をよく燃えた強い火で熱し、鯨肉の切り身をのせて焼くことが、すき焼きであると説明しているのです。

このように、すき焼きは文字通り、農具の鋤の金属部分を火にかけ、食物を「焼く料理」なのです。

しかし、すき焼きの語源には、「鋤の上で焼く」以外の説もあります。

例えば、

一、肉を薄く切った剝き身を使うから「剝き焼き」

二、好きなものを焼くから「好き焼き」

三、数寄屋作りの数寄に通ずる風流風雅な料理から「数寄焼き」
四、杉で作った箱に入れ、木の香りを移し煮る「杉焼」が変化して
　すき焼き。などの説です。

江戸時代のすき焼きの食材は牛肉ではなく、鯨、鴨、鹿、猪などでした。

江戸時代には、獣肉は「ももんじや」（百獣屋）という専門店で扱い、表向きは肉食忌避のため、これらの肉は滋養に良い薬喰いとして食べていました。そして猪肉は「山くじら」、もしくは、「牡丹」、鶏肉は「柏」、鹿肉は「紅葉」、馬肉は「桜」という隠語で呼び、公然と食べることはなかったのです。

明治時代に入り、牛肉を食すことが奨励され始めてから、すき焼きの具は牛肉となっていくのです。

では、日本人はいつから肉を食べているのでしょうか。

牛肉に限定しなければ、縄文時代には野山で狩りをして野生動物を食べていたのですが、仏教伝来をきっかけに「生き物を殺してはいけない」という思想がひろがり、食べなくなっていきます。

肉食の復活は、南蛮人が肉食文化を伝えてからのことですが、一般には広がりませんでした。その後、鎖国によってふたたび姿を潜めてしまいます。江戸時代に入ってからは、先程お話しした「ももんじや」で特別に、目立たない形で扱われたのです。

❖ 幕府が認めた養生肉

江戸時代には、全国で唯一幕府が認め、将軍家にも献上された牛肉がありました。そのお話を少し紹介しましょう。

当時、幕府専用の陣太鼓に使う牛皮は彦根藩が献上していました。つまり彦根藩では公式に牛の屠殺が認められていたわけです。牛皮をとった後の肉は、反本丸《へんほんがん》という滋養を目的にした薬用牛肉とされました。1781（安永10）年以降には味噌漬にし、「養生肉」の名前で将軍家に献上していたのです。これが近江牛のルーツといわれています。

ここに、興味深い伝説があります。近江井伊家の牛肉味噌漬は水戸藩主の徳川斉昭にも送られており、その返礼に水戸藩からは小梅の塩漬けを送り、両家は良い関係を保っていました。しかし井伊直弼が大老になると、牛の屠殺を禁じ、牛肉の献上も止まります。その肉のおいしさに、斉昭は直弼に何度も再開を懇願したのですが、不遜な態度で断わられたといいます。君主に恥をかか

せたと激怒した水戸藩の家来たちは、その後浪士となって井伊直弼に復讐した「桜田門外の変」へ繋がったというのです。

この事件の原因である数々の事柄の一つだったのかもしれませんが、少々飛躍しているようにも思います。諍いや事件は、様々な事柄が重なり絡み合い、気持ちの行き違いや、信頼感の崩壊によって起こることがここに示されているようです。しかし、この話は伝説としておくのがいいのではないでしょうか。（「蒟蒻の章」でも違った視点でこの事件のことに触れています。）

❖ 牛鍋の誕生と変遷

では、牛鍋の歴史を見ていきましょう。発祥は江戸時代末期１８６２年とされています。横浜入船町（現在の中区常盤町 or 尾上町近辺）の「伊勢熊」という居酒屋で牛煮込みを売り出したことが始まりです。

江戸では、１８６５年に「中川屋」が、芝の露月町《ろげつちょう》（現在の新橋五丁目）で牛鍋屋一号店を開業します。中川屋の主人中川嘉兵衛は、新しい事業を次々手掛けるエネルギッシュでハイカラな人物で、横浜元町にはパン、ビスケット、洋酒を扱う店も開いていました。

しかし、当時はまだ食肉牛の屠殺場がなく、役牛を食用にしていたのです。屠殺場設立の起因は、１８５９年の横浜港開港でした。横浜には居留地ができ、そこに住む西洋人のために良質の食肉が必要になったのです。しかし、需要に応えることができたのは、江戸時代最後の年となった１８６７年まで待たねばなりませんでした。横浜海岸通に、屠殺場ができた翌年には、アスラー・マーティンデル商会が食肉業者第一号として、販売を開始しました。

食肉販売が実現し、１軒、２軒と牛鍋屋が開業し始めます。さらに１８６８年には、東京芝浦にも屠殺場ができたことで、日本人の食肉習慣が広まるきっかけとなるのです。

しかし、当時はまだ食肉需要は主に外国人のものでした。日本人に肉食が定着するまでにはまだ時間が必要でした。

❖ 現在、都内で最古の店は…

東京での牛鍋店第二号は、小伝馬町の「伊勢重」です。開店は１８６９年のことでしたが、現在はこの店が都内で最も古い牛鍋屋となりました。「伊勢重」では、今でも牛肉は手切り、もちろん創業当時からの割下を使い、炭で調理します。

ジャパンクールセミナーで牛鍋をテーマにした際には、こちらを会場に、皆で学び、炭火のすき焼きを味わいました。もちろん肉は上質の黒毛和牛でしたが、手切りがこんなに舌触りが良く、美味しいのかと感激しました。肉は繊維に直角に切ることが最も美味しいのですが、職人の目視と長年の熟練の感覚で一枚ずつ丁寧に切っていくそうです。割下は、醤油・酒・味醂をベースにしたあっさりと甘味を控えた上品な味で、肉の旨味を生かす良い加減です。炭火なので火加減の調整は難しいですが、厚めの使いこんだ鉄鍋のお陰でその心配は無用でした。最初から最後まで、誠に美味しく堪能しました。

店の一階には販売用牛肉のショーケースがありますが、中には肉の部位と値段が書かれた札があるだけで、切った肉が一枚も並んでいないのです。どうしてかと伺うと、注文を受けてから職人が手切りするからで、切ったものを並べておくと味が落ちてしまうそうです。ここまで気を遣った商いをされているのだと印象に残っています。この店の伝統の味としておみやげに最適なのが、肉のしぐれ煮です。醤油と生姜だけで炊いたしぐれ煮は、開業当時からの変わらぬ味。少し塩辛く感じるかもしれませんが、ご飯にのせるとちょうど良く、お酒のお供にも嬉しい、心にも浸みる味です。（図3－24）

図3―24

伊勢重　すき焼き
手切り黒毛和牛と合わせるザクは春菊、ネギ、豆腐。炭火を使い、品の良い味わいの割り下でさっと煮る。

❖ 時代変われば…所変われば…

さて、文明開化の頃の牛鍋は、牡丹鍋、紅葉鍋、桜鍋といった獣肉の鍋を基本に調理されたため、牛肉はそれらと同じように角切りや厚切りにして調理されました。野菜は葱だけを使い、東京なら近郊の千住ネギが一般的だったようです。ねぎは五分《ごぶ》（約1・5㎝）の長さに切ることからゴブとか、ザクと呼んでいました。味付けは味噌と砂糖を大量に使って煮込み、味をこってりと濃くし、葱の香りも手伝って、肉臭さを消す工夫をしたのです。

森鴎外の短編小説『牛鍋』にも、「斜に薄く切られたざくと云う名の葱は、白い処が段々に黄いろくなって褐色の汁の中へ沈む」とあります。

『万国航海 西洋道中膝栗毛』（1870年～76年刊行）には牛鍋の調理法が書かれています。

「火鉢のうちは、正肉《しょうみ》は喰いつくし、五分切の葱がたれ味噌と合併して、（中略）をりをり薬罐をとりよせて、白湯をさして、にへをしづめることあり」

この文章から、味噌たれが甘辛く濃い味なので、最後には湯を注さないと、火加減ができない炭火なら、煮詰まって焦げるのだと分かります。

京都には、1873（明治6）年創業の「三嶋亭」という店があります。今もその店構えは当時のままです。こちらのザクは九条葱、豆腐、麩を使っていました。当時のメニュー（明治22年）を見ると、すき焼き3銭、やき麩1銭、さとう・味噌・ねぎそれぞれ現在は味噌ではなく、砂糖で焼き付け、秘伝の割り下で絡めます。（図3－25、26）

私が訪れたのは盛夏で、ザクには茄子と蓮根が加わっていました。京の味は、江戸の味より甘みが強く、まったりとはんなりとしたものです。まず、熱した鍋に牛脂を溶かしザラメを敷いて牛肉をひ

図3—25

三嶋亭の正面看板

図3—26

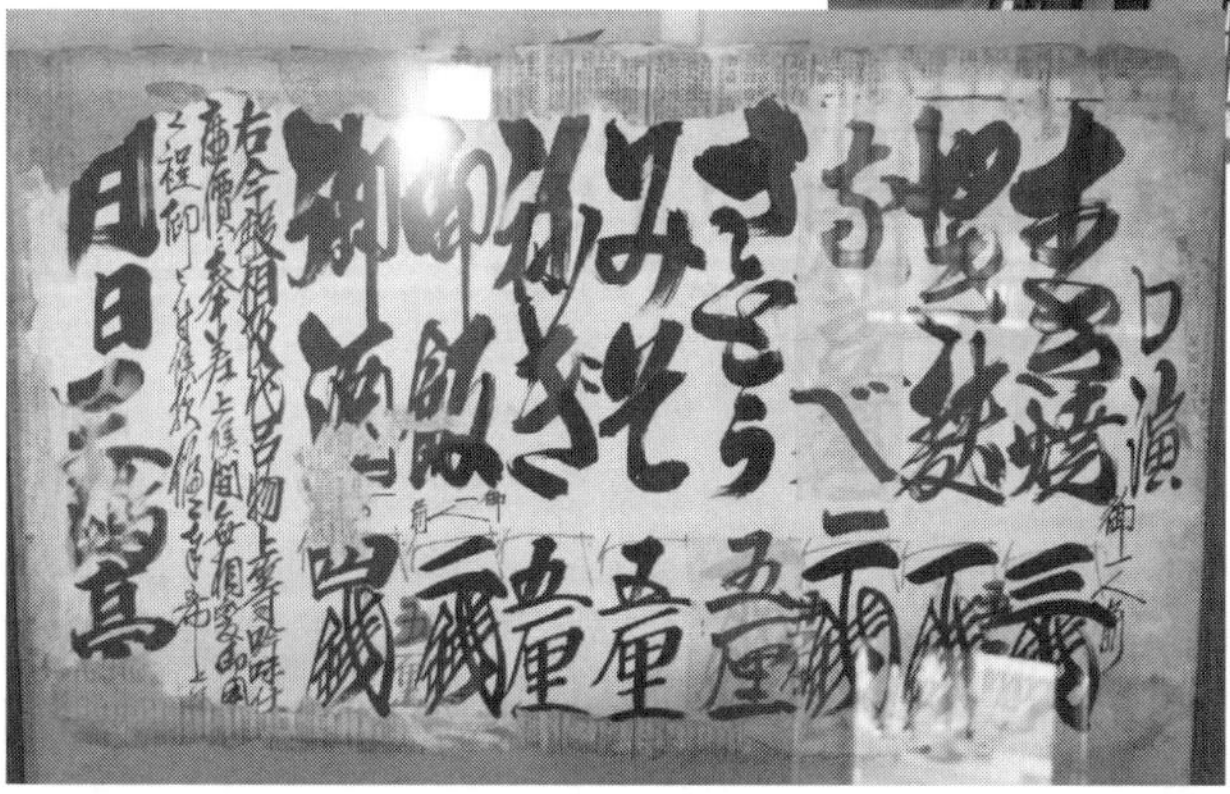

三嶋亭の明治時代のお品書き

図3—27

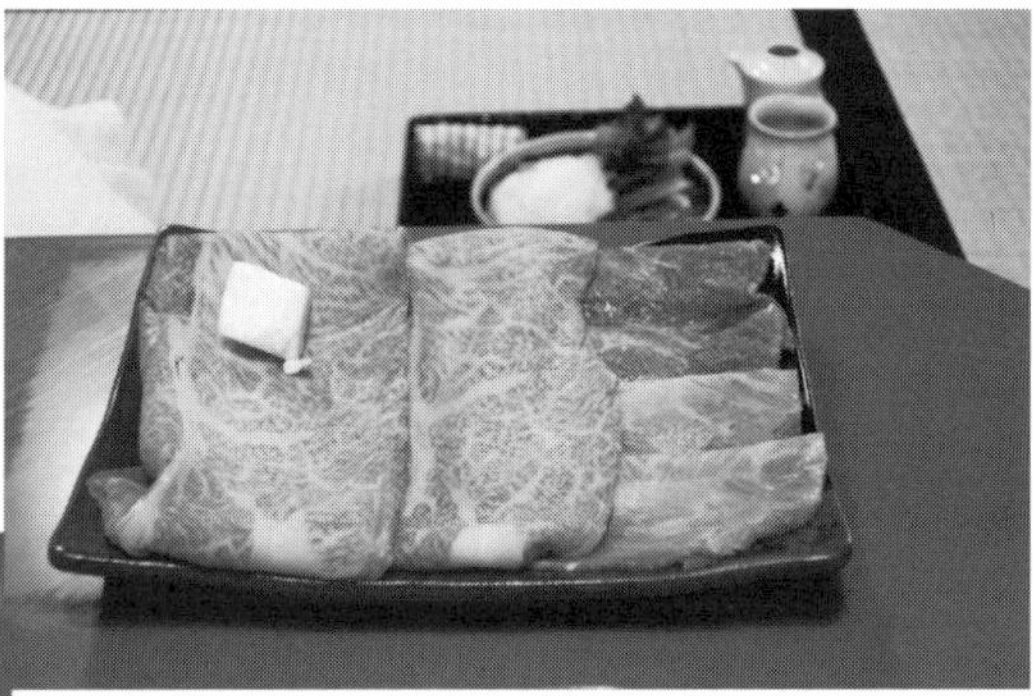

すき焼き肉

図3—28

すき焼き鍋に入れたザク

ろげたら、濃い目の割り下をかけ絡めます。「所変われば、品（味）変わる」の良い例ですね。（図3ー27、28）

❖ 肉食推進のプロモーション

明治政府は、西洋化を推進する中で、西洋人のような立派な体格に近づけるためには肉食が必須と懸命に薦めました。しかし、当時の人々にとっては、牛肉は親しみがない味でした。江戸時代には牛は農耕の大切な存在でしたから、なおのこと食用にするには抵抗があったのでしょう。そこで、食べ慣れない肉食をプロモーションする仕掛けをアレコレ工夫しました。

その一つが、福沢諭吉による『学問のすゝめ』ならぬ「肉食のすゝめ」である『肉食之説』（1873年・明治3年出版）と題した書物によるプロモーションです。

その一部は次のような内容です。

古来我日本国は農業をつとめ、人の常食五穀を用い肉類を食うこと稀にして、人身の栄養一方に偏り自から病弱の者多ければ、今より大に牧牛羊《ぼくぎゅうよう》の法を開き、其肉を用い其乳汁《そのちちじる》を飲み滋養の欠を補うべき筈なれども、数千百年の久しき、一国の風俗を成し、肉食を穢《けがれ》たるものの如く云いなし、妄《みだ》りに之を嫌う者多し。
畢竟《ひっきょう》、人の天性を知らず人身の窮理を弁えざる無学文盲の空論なり。

このように、牛乳を飲み、牛肉を食べることが必要であると強く説いています。

福沢諭吉は、若い頃、緒方洪庵の適塾で学んでおり、お金のない書生時代には、大阪にある2件の牛鍋屋に足繁く通っていたそうです。その理由は、味が良いからではなく、時代の先端を気取ることができる上、とにかく安く、どんどん酒を飲んで騒げる最適の場所だったからです。記録によると、店の常連客は緒方の適塾の書生ばかりだったとの事です。

政府は1872（明治5）年に、明治天皇が牛肉を召し上がったとの報道をし、国民に肉食の必要性をアピールしました。天皇の食事を提供していた大膳寮には、牛、羊の肉を平常に、豚、鹿、兎の肉を時々使うように命じ、天皇・皇后両陛下の牛乳飲用も始まります。

1877（明治10）年までには宮中正式料理は西洋料理となるのです。

また、仮名垣魯文が1871（明治4）年に『安愚楽鍋』を出版します。彼自身は魚屋の息子でしたが、牛鍋屋を舞台にした滑稽本を著しました。牛鍋屋に出入りする庶民の様々な客を描き、文明開化を風刺的に描いたのです。この本は一世を風靡し、文中にある「士農工商、老若男女、賢愚貧福おしなべて、牛肉食わぬは開けぬ奴」「ザンギリ頭を叩いてみれば文明開化の音がする」の言葉は人々に刷り込まれ、時代に乗り遅れないためには、好きでも嫌いでもとにかく牛肉を食べることが重視されたのです。

仮名垣魯文は、1872（明治5）年には『西洋料理通』を著し、スープ・魚・肉・野菜、そして菓子の作り方の110項目を記載しています。例えば、胡瓜をキンコンフル、バターをオホートルとオランダ語をカタカナ表記しています。挿絵には、着慣れないドレス姿の女性とタキシードの男性が肉やワインを味わう姿を見ることができます。しかし、西洋料理はまだまだ遥か海の向こうの知られざる謎多き食文化であり、家庭で誰でもが作ることの出来る料理ではなかったことが分かります。

数々のプロモーションの効果なのか、1877（明治10）年ごろには、東京には500件もの牛肉屋が出現しています。牛鍋屋を振り出しに、やがて家庭にも肉食が広がっていきます。続いて、肉食推進のための肉料理レシピ本も100冊以上出版され、主婦たちは肉料理を日々の食卓にのせ始めたのです。肉料理を作ることは、家族の栄養を考える良き妻、良き母の象徴とされたのです。

数々の家庭洋食料理本出版の火付け役となった代表的な一冊として敬学堂主人著『西洋料理指南』（1872年・明治5年出版）があります。しかし、当時の人々には肉の味になじみが薄く、肉の品質も高くなかったことも手伝って、奇妙奇天烈、摩訶不思議な料理が登場しています。例えば濃い味付けの味噌汁にカレー粉と牛肉を入れたスープなど、和洋折衷で何とか肉を食べようという工夫がみられます。

❖ 牛鍋とすき焼きの融合

牛鍋とすき焼きの違いが不明瞭になった経緯には、ある大きな出来事が関係していました。それは、大正12年の関東大震災です。

ご存知の通り、この震災で東京は未曽有の被害を受け、牛鍋屋の多くも商売ができなくなってしまったのです。彼らは商売の場を他県に求め、関西への移店も少なくなかったのです。郷に入れば郷に従えの精神で、東京からやって来た調理人たちは、関西人の口に合う味を懸命に提供する努力をしたのです。

東京の牛鍋は味噌仕立てでしたが、関西では、醤油と砂糖をからめ煎りつける調理が一般的でした。それは、関西では肉質の良い但馬牛が流通しており、味噌による臭み消しの必要がなかったこと、関西の食文化では味噌料理が少ないことなどが理由です。調味料を絡めて炒り付ける調理法は、まさに「すき焼き」だったのです。

関西で開業していた関東出身の牛鍋屋の多くは、やがて東京へ戻り、商売を再開します。関西のすき焼き文化と、その味と名称を持ち帰り、それを関東で紹介したことが、全国にすき焼きが定着した経緯とのことです。これが二つの料理の融合理由として有力な説です。

❖ 牛鍋の力

牛鍋とすき焼きは融合し、牛鍋の名前は消滅しましたが、現在のすき焼きは、関東では割り下を使う鍋スタイルの調味法が一般的で、一方、関西では砂糖でまず肉を炒り付け、タレを絡める焼きスタイルが主流なのです。

では、牛鍋は、どこにいってしまったのでしょうか。実は牛鍋はある人気料理のルーツとしてその力をしっかり発揮していたのです。

それは牛丼です。

今では、ファーストフードとして不動の存在の牛丼ですが、その源は牛鍋にあったのです。

牛丼は、始め牛飯《ぎゅうめし》と呼ばれ、明治中期には牛飯屋、牛飯屋台がいくつもありました。

「一飯一銭」をモットーに、すじ肉やコマ切れ肉を葱と一緒に煮込み、ご飯にぶっかけるのです。人気の理由は、安い・早い・旨いの三拍子そろった一品であること。注文すればすぐに出てくる、ボリュームある味と安い値段の牛飯は、庶民を引き付ける魅力の食べ物だったのです。

この牛飯が定着する明治30年代には、より進化した丼が登場します。それは、「開化丼」です。文明開化を彷彿とさせるハイカラな名前の理由は、卵にあります。牛肉と玉ねぎを卵でとじたちょっと豪華なものでした。

❖ 卵を食べる習慣

今では、すき焼きに生卵にからめて食べることが一般的ですが、卵を食べる習慣はそれほど古くはありません。

日本では、肉食忌避の思想の影響で、公然と卵を口にすることが久しく無かったのです。戦国時代になり、南蛮人によって卵食が伝えられました。彼らの食べる菓子類であるボーロやカステラに卵はふんだんに使われていたからです。（図3－29）

図3—29

牛肉を生卵にくぐらせる　伊勢重にて

広く卵が食べられるようになるのは、江戸時代です。町には卵売りも出て、１７８５年に出版された『万宝料理秘密箱』の「卵の部」には、なんと１０３種類もの卵料理が掲載されています。いわゆる卵百珍です。しかし、ここには一つも生卵の料理はありません。生卵を食べるのは、もっと後になってからのこと。それは明治時代以降のことです。その頃大阪では、すき焼きに生卵を用意し、具を溶き卵にくぐらせて食べていたと記録があります。やがてこの食べ方が東京へ、そして全国へ広がっていくのですが、この広がりも先ほどお話しした関東大震災後の東西食文化の融合によるところが大きいのです。

生卵を日常的に食べる習慣は、日本だけです。私たちが現在生卵を安心して口にできるのは、日本の衛生管理が充実し、卵を清潔に、大量生産できるお陰なのです。

❖ 和牛とWAGYU

牛鍋、すき焼きをはじめとする牛肉料理は、やはり肉質と部位の選択が重要です。今では、牛肉の味は改良を重ねて、格段素晴らしいものになり、その料理や目的により、自在な選択が可能となりました。最近は熟成肉と赤身肉の人気も高まり、嗜好傾向も変化しつつありますが、ますます肉好きが増していくことは明らかです。

では、日本の牛肉についてお話しましょう。

日本の牛肉は大きく三つに分けられます。和牛、国産牛、輸入牛です。このうち和牛が人気も価格も最も高いのです。人気の理由は味の良さ、高価格の理由は、肥育に時間と手間がかかることからです。

まず、「和牛」とは、黒毛和種、褐色和種（赤毛）、日本短角種、無角和種の4種、それに加え、これら4種間で交配した牛の5種で、日本国内で生育されたものを和牛といいます。最も耳馴染みがある黒毛和牛は、全体の9割以上を占めています。

これら5種の牛でも、日本で育てられていないものは Wagyu と表記されます。

Wagyu 人気は高まり、生産は世界中に広がっています。Wagyu は50％以上和牛の血統が配合されていればよいとされています。

最大の団体は現在、オーストラリアにあります。純血種、交配種ともに Wagyu Brand の名で世界中に広く輸出されています。アメリカでは、アバンディーンアンガス種と交配され、高評価を得ています。カナダでは、Canadian Wagyu Association があり、スコットランドにも Highland Wagyu という会社が2011年に設立され、マル島で飼育されています。中国での生産も進んでいます。これから拡大していくことでしょう。

このように和牛は世界に広がり、海外では高級牛肉の代名詞として、Wagyuの名前で売り出されています。しかし、この良質の牛肉が日本の和牛を源にしているほとんど知られていないのです。これはとても残念なことだと思います。日本が世界に誇る和牛を生産してきたことをしっかりと発信し、和牛を守ると同時に広く認知されることを願っています。

次に「国産牛」の定義は、日本国内で生まれた牛を指します。具体的には、和牛4種以外の牛か、、もしくは4種同士での交配牛以外の日本で飼育された牛、生体で輸入され、3カ月以上飼育された牛、ミルクの出なくなった乳牛、去勢された牡の乳牛を指します。

最後に、「輸入牛」とは、国外で肥育された牛を国外で食肉加工した後、日本に輸入されたものです。

❖ 但馬牛のこと

では、最もよく知られ人気の高い和牛である黒毛和牛のうち、兵庫県北部で産出される但馬牛の歴史を見ていきましょう。

まず、牛の種類を示すときは但馬牛《たじまうし》といい、肉は但馬牛《たじまぎゅう》と呼ぶのが正式です。

黒毛和牛は、かつては農作業用の役牛でした。役牛であっても食肉にすると、肉質が良いと昔から知られていた品種です。明治中期からは食肉用に欧州系の牛との交配改良が重ねられ、より食肉に適した肉質作りに努めました。しかし改良交配を重ねるうち、品質の向上は止まっていました。原点回帰のために純血種を探すと、兵庫県美方郡の小集落にたった四頭残っていただけでした。そこで、この四頭をもとに肥育した中からやがて、名牛である「田尻」号が1939（昭和14）年に誕生しました。現在の但馬牛すべてはこの優秀な種牡牛「田尻」号を父とする子孫だそうです。そして、全国の黒毛和牛、例えば松坂牛や近江牛といったブランド牛の素牛はすべて但馬牛であり、繁殖牝牛のほとんどはこの「田尻」号の子孫だということです。前沢牛、仙台牛、飛騨牛、佐賀牛などにも、この血統を入れ、肉質を改良しています。All roads lead to Romeならぬ、〝すべての牛肉は「田尻」号に通ず〟です。すごいですね。

但馬牛は、「〜蔓《つる》」の名前で、その血統の流れを明確に表記され受け継がれています。その名は、例えば、あつた蔓、ふき蔓、あずま蔓、よし蔓などです。本格ステーキ店、焼き肉店では、扱っている牛肉がどの血筋であるかを表示している場合もあります。これらの血統名を見つけたら、名牝牛「田尻」号のことを思い出してください。

❖ 神戸の牛肉物語

但馬牛といえば、私の地元である神戸には、但馬牛を素牛とし、繁殖から肉の出荷までを神戸肉流通推進協議会の会員によって手掛けたブランド牛肉があります。

それらは、神戸肉、Kobe Beef、神戸牛、神戸ビーフの4つです。次の厳しい5つの条件を満たした牛肉にのみ与えられる名称です。

一、牝は未経産牛、牡は去勢牛であること。
二、脂肪交雑値（霜降り度合い）がNo・6以上であること（No・1〜12までに分けられ、12が最上級）
三、歩留《ぶどまり》等級がA or Bであること。（無駄なく肉が取れる割合を指し、皮・骨・内臓を除いた枝肉の割合のこと。A〜Cで評価する。）数値で表すと72〜69％です。
四、枝肉の重量が牝牛は、230〜470kg、牡牛は、260〜470kgまでであること。
五、瑕疵《かし》（傷）がある枝肉は、神戸肉流通推進協議会会員の判定によること。

神戸の牛肉食の物語の始まりは1868年神戸港開港後に、イギリス人が役牛であった但馬牛を食し、その味を絶賛したことからです。当時の兵庫県知事であった伊藤博文は、イギリス留学経験から肉食に親しみがあり、神戸の牛肉を好んで食したといいます。

「神戸ビーフ」「Kobe Beef」が正式名称となったのは、1983（昭和58）年のことです。

近年のエピソードを紹介すると、アメリカNBA（ナショナル・バスケットボール・アソシエーション）の選手だったKobe Bean Bryant選手の父親は、アメリカのKobe Steak Houseというレストランで、神戸ビーフのステーキ肉の美味しさに感激し、1978年、息子にKobe（コービー）と名付けたという話は有名です。Kobe本人は、2001年に神戸大使に委嘱され2011年まで続けています。しかし、Kobeは2020年1月、41歳の若さで突然のヘリコプター事故で亡くなっています。悲しく衝撃的な事実です。

また、2009年にオバマ大統領訪日の際には、神戸ビーフを食べたいとリクエストしたという話もあります。

このように、神戸ビーフは海外でもその名を知られています。これらのエピソードのお陰（?）か、神戸ビーフはその値段もとても華やか（高い）であることは、ご存知の通りです。私も神戸っ子として、神戸ビーフのおいしさを誇りたい反面、高嶺の花となってしまったことは寂しい限りです。

❖ 洋食からCoolな和食へ

明治以降、日本人の食生活は大きく西洋化しました。西洋化を後押ししたのは、前記した数々の肉食奨励の仕掛けと、食肉牛の改良による味の向上が大きく貢献しています。明治時代初期には、ほんの少しでも、何とか西洋に近づきたいという憧れと熱意が原動力だったのでしょう。

欧米の料理を受容し、懸命に日本風にアレンジする工夫を重ね、「洋食」という独自の世界を作り上げた巧みさはcoolです。

そのお陰で、この150年の間に、すき焼きは早い時期に堂々の日本伝統美味食の一つとなり、肉食はすっかり定着したのです。

私は幼い頃「今晩はすき焼きよ」と母が言う日には、朝からワクワクしたものでした。夕方にはおもむろに食卓に鉄鍋をしつらえ、家族団欒の特別のごちそう夕食が始まるのです。我が家では、鍋とすき焼きは父が調理していました。神戸生まれの父のすき焼きは、まず牛肉を砂糖で煎りつける関西スタイルです。春にはセリを、秋には松茸を加えた季節を感じる料理でもありました。次の日に、残り汁にご飯を絡めた〝オマケの料理〟である〝すき焼きご飯〟がまた嬉しいのです。私のおいしい記憶の一つです。

今では「洋食」は、私たちの日常食として定着し、人気料理に数えられています。人気の理由の一つは、パンではなくご飯や味噌汁にピッタリ合うおかずにアレンジしたことではないかと思います。現在では、「牛鍋」から進化した「牛丼」、そして「すき焼き」は、世界中から訪れる人々を惹き付けるcoolな和食として人気を博しています。

・宮崎正勝　知っておきたい「食」の日本史　角川ソフィア文庫、2009
・公益財団法人味の素食の文化センター編集・発行　VESTA no.72　「洋食」150年−幕末から現代まで　一般社団法人農山漁村文化協会、販売　2008
・岡田哲　明治洋食事始め　講談社学術文庫、2012
・石川伸一　「食べること」の進化史　培養肉・昆虫食・3Dフードプリンタ　光文社新書、2019
・江原絢子　家庭料理の近代　吉川弘文館、2012
・Paul Shapiro 著　鈴木素子訳　CLEAN MEAT 培養肉が世界を変える　日経 BP、2020
・湯本貴和　地球研叢書　食卓から地球環境がみえる　食と農の持続可能性　昭和堂、2008
・川崎衿子　蒔かれた「西洋の種」宣教師が伝えた洋風生活　ドメス出版、2002
・Lester R.Brown 著　枝廣淳子・中小路佳代子訳　地球に残された時間　80億人を希望に導く最終処方箋　ダイヤモンド社、2012
・Jacques Puisais Catherine Pierre 著　石井克枝・田尻泉日本語監修　鳥取絹子訳　子どもの味覚を育てる　親子で学ぶ「ピュイゼ理論」　CCC メディアハウス、2017

【出典一覧】
・国立国会図書館
・群馬県農業技術センター　こんにゃく特産研究センター
・公益財団法人　味の素文化センター
・株式会社くらこん
・カタギ食品株式会社
・金印株式会社

【参考図書】

・伏木亨　コクと旨味の秘密　新潮新書、2005
・公益財団法人味の素食の文化センター編集・発行　VESTA no.107 海の野菜を食べる　−海藻の食文化−　一般社団法人農山漁村文化協会販売、2017
・宮下章　ものと人間の文化史　海藻　法政大学出版局、1974
・伏木亨　うま味の秘密　思文閣出版、2017
・宮下章　ものと人間の文化史　鰹節　法政大学出版局、2000
・クロード・レヴィ=ストロース著　大橋保夫訳　野生の思考　みすず書房、1976
・Timon Screech 著　森下正昭訳　江戸の大普請　江戸都市計画の詩学　講談社、2007
・大久保洋子　江戸のファーストフード　町人の食卓、将軍の食卓　講談社、1998
・榊原英資　知的生活のすすめ　東洋経済新報社、2009
・小泉武夫　醤油・味噌・酢はすごい　三大醗酵調味料と日本人　中央公論新社、2016
・岩尾明子　重曹とお酢ですっきり暮らす　主婦の友社、2015
・山本紀夫　トウガラシの世界史　辛くて熱い「食卓革命」　中央公論新社、2016
・青葉高　ものと人間の文化史　野菜 在来品種の系譜　法政大学出版局、1981
・竹村嘉平　宇治茶いい味いい香り　思想社、1999
・別冊サライ　大特集日本茶　小学館、1999
・額田巌　包み結びの歳時記　福武書店、1991
・青葉高　ものと人間の文化史　野菜 在来品種の系譜　法政大学出版局、1981
・旬の食材　秋・冬の野菜　講談社、2004
・原田信男　江戸の料理史　中公新書、1989
・森井源一　豆腐道　新潮社、2004
・青山隆　豆腐入門　食品知識ミニブックシリーズ　日本食糧新聞社、2014
・神代英昭　こんにゃくのフードシステム　農林統計協会、2006
・竹内孝夫　こんにゃくの中の日本史　講談社現代新書、2006
・河井智康　大衆魚のふしぎ−サンマやイワシの奇妙な関係　ブルーバックス、1993
・平本紀久雄　イワシの話　シリーズ海　らくだ出版、1998
・平本紀久雄　イワシの自然誌−「海の米」の生存戦略　中央公論社、1996
・横浜市歴史博物館　おにぎりの文化史：おにきりはじめて物語　河出書房新社、2019
・増淵敏之　おにぎりと日本人　新書 y、2017
・大久保洋子　江戸のファーストフード　町人の食卓、将軍の食卓　講談社、1998
・大久保洋子　江戸の食空間　屋台から日本料理へ　講談社学術文庫、2012
・向笠千恵子　食の街道を行く　平凡社、2010
・大久保洋子　江戸の食空間　屋台から日本料理へ　講談社学術文庫、2012
・宮崎正勝　知っておきたい「食」の日本史　角川ソフィア文庫、2009

おわりに

本書「和食の力に魅せられて～伝統美味食の世界～」をお読みいただきありがとうございました。

伝統和食に使われてきた身近な食材や料理に宿る豊かな世界を楽しんで頂けたでしょうか。意識することもあまりなかったような身近なありふれた食べ物に、新たな愛着が湧く機会となりましたら幸いです。

日本の国土は広くはないですが、変化に富み、地域性も豊かです。かつては照葉樹林帯の森の国と呼ばれ、緑豊かで水に恵まれた温暖な気候の中で、山と海とが健やかに結び合いながら循環する環境でした。人びとは稲作のために形成した共同体を社会の礎にしてきました。自然災害を度々経験し、自然に対して畏敬の念を持ち、自然と共に在ることに感謝してきました。

この風土の中で、四季折々の様々な食材を調理した豊かな和食を受け継いできたのです。今後、私たちは和食の継承はもとより、先人の暮らしにある知恵と工夫も、未来へ進むための指針として大切にするべきでしょう。

和食は2013（平成25）年に世界遺産に認定されましたが、その素晴らしさが認められた一方で、放っておけば絶滅する可能性があることも意味しています。

現在、日本の食料自給率は40％を切っており、食材の多くは輸入にたよっています。また、毎朝自分で作った一汁三菜を食べている人がどれほどいるでしょうか。

私たちの食は本当に豊かなのか、私たちは食べることに対して真摯に向き合っているのか、と考えさせられてしまいます。

本書で取り上げた和食伝統食材と料理は、日本の文化や経済と繋がり育まれてきたのです。今後も私たちはそれらと丁寧に関わっていくべきでしょう。食を軽んじることは、私たち自身を軽んじることを意味するのですから。

そして現在の私たちの食は世界中の食とつながり多種多様で多彩なものになったようにみえます。しかし、これからの未来には資源の枯渇などを背景にして、3Dプリンターフード、人工食、昆虫食、クリーンミート、代替肉などの細胞農業による食品も食卓に登場するでしょう。つまり食はおいしさ、楽しさの追求に加え、生命維持の側面も強く顕在化してくるように思います。

❖ おわりに

私は、この包括的で多様性溢れる食に関わるモノとコトをデザインする仕事に携われることに大きな意義を感じています。

私の活動は多方面に及びますが、今までの仕事の基本は、季節とテーマに合わせたレシピを考え、食材を選び調理し、器を選び盛り付け、季節を感じさせる演出で、おいしい時と場のために様々な心くばりを工夫することと、その指導です。仕事や子育てで忙しい女性、料理上手の主婦、厨房に大いに入りたい男性など、誰もがおいしく作れる簡単、ヘルシー、経済的なオリジナルレシピの紹介と器の選び方、盛り付け方のコツも教えています。

特別の時だけでなく、むしろ毎日の食事を大切に、食空間で何をどのように食べ、どのように過ごせば、健康でおいしさと喜びを共感できるかを工夫してきました。経験と感覚だけに頼らず、理論的側面からの考察を深めるため、大学院博士前期課程では、日本のテーブルコーディネートの萌芽期から今までの変遷とその意義を研究し、現在は博士後期課程に進み、視覚によるおいしさの研究に取り組んでいます。

私の師である龍谷大学大学院教授 伏木亨先生のご研究によれば、おいしさには四つの要素があるということです。第一に生理的に欠乏しているもの、第二に子どものうちから食べてきたもの、第三に情報、そして第四にやみつきになる味です。やみつきの味とは、油、砂糖、出汁の味のことです。（『食卓から地球環境がみえる』より）その中で、超低カロリーの出汁を料理に積極的に使うことは、和食伝承の力となるばかりか、肥満を防ぎ健康的な食生活につながることも大いに期待できます。

私が大切にしている料理を作り食卓を心地良く整えることは、これら4要素をすべて含む行為です。まず、幼いころの味覚教育に始まります。この時期に個人的食体験をたくさん重ね、味の豊かさを知ります。続いて、食卓演出に目を向けることが大切です。例えば、どんな器にどのように盛り付けるかといった視覚、器の素材感や厚みや重さなどの触感の刺激で美を知ります。そして食前にあらかじめ食材や料理の情報などを得ることです。心地よい情報はおいしさを増幅します。もちろん大切な人々と一緒に食べることはおいしさの重要な要素であることはご存知のとおりです。

これらのコンセプトのもと、本書の源であるJapan Cool Seminarをはじめとした様々なセミナー、くらしBrush up Salon、食空間コーディネート資格取得講座、英語で学ぶ日本文化講座を行っています。企業の商品開発、展示演出、ホテル・レストランの食空間コンサルティング、そして大学講師としては学生を指導し、食の楽しさと重要性を共有しています。

また、自在に組み合わせて使う楽しさをコンセプトにしたオリジナル食器 party pallet series をデザインし、リーズナブルな価格で販売しています。

これらの活動を続けながら、社会の大変換の中で新たな仕事が生まれ広がっていく予感です。

ところで、デザインするということにどんなイメージをお持ちでしょうか。

食空間コーディネートを指導していると、センスが必要ではないか、とよく聞かれます。デザインとは奇抜で際立った、センスあふれる人だけができる特別なこと、と思われがちのようです。

しかし、私にとって理想の料理と食空間のデザインとは、奇をてらわず、暮らしに溶け込んで、すぐには気が付かない、当たり前のもの、でも欠かせないもの、空気のようなものなのです。食卓に着くと、何だか心地よく気持ちが良い、なぜだろうか、とよく見ると、なるほど、よい食材で心を込めて調理された料理、素敵な器、季節の香りを運ぶ花…すべてが食卓を囲む人に寄り添う、そんな演出です。人を思いやり、心くばりを形に表したものです。特別なセンスではありません。楽しくおいしく共に時を過ごしたいと思えば、誰にでもできることなのです。

私は誰にでもできることを人々に伝え、喜びと幸せを分かち合いながら、暮らしを愛おしみたいといつも思っています。Cool で魅力的ですこやかな日本の食の未来を信じて。

世界は今、新型コロナウイルスのパンデミックで深刻な状況です。主要都市はロックダウンし、人とモノの流れは滞っています。これから日本が同じような状況になるのも時間の問題でしょう。都心部のオーバーシュートを少しでも防ぐ努力を共にしなければなりません。

CNN、ABC、BBCなど海外のニュースをみると、医療崩壊した病院は戦時下のような様相を呈し、都市には人影がありません。東京2020オリンピックも延期となりました。今後、発展途上国でのアウトブレイクが大変心配です。

いつまでこの状況は続くのか不安は募りますが、収束に時間が必要なことは明確です。しかし、国境を越えて世界が一つになり、共に最善を尽くさなければ、終わりは見えそうにありません。

不確実性の時代といわれて久しいですが、世界規模でこれだけ急激に、正体の分からない敵と戦うことを余儀なくされ、大変深刻な局面を迎えることを、どれだけの人びとが予測していたでしょう。皆さんが本書を手に取って読んで下さっている時には、過去完了の事実となっていることを切に願うばかりです。

少なくとも、このウイルスの大拡散によって、経済は疲弊し、社会のシステムと価値観は大きく変わることになるでしょう。その流れに溺れてしまわないように対応する覚悟と精神力も必要です。

その知恵の一つは、過去の歴史をみることです。約100年前のスペイン風邪パンデミックの事実。十四世紀ヨーロッパで蔓延したペストの悲劇。十五～十七世紀にヨーロッパからアメリカ大陸に持ち込まれた天然痘、チフス、ジフテリア、はしかの蔓延。これらの大難は、人びとを苦しめましたが、ルネサンス文化の誕生を導くなど、良き副産物も生んできたのです。

新型コロナがもたらす厳しい試練が、新しいそして素晴らしい未来の構築に結びつくことを願っています。

歴史的変換期にある今、これまでとこれからの食について考えてみたいと思います。

私たちは、食卓を囲み同じものを食べ、会話を楽しみながらおいしさを実感しています。特に家族との共食を団欒と呼び、しあわせのロールモデルとしてきました。食空間コーディネートでも、一緒に食べる時と場を心地良く整え、おいしさを共有することを基本テーマにしてきたのです。しかし、コロナ禍の中で、私たちの暮らし方、あり方は変化を求められています。当然、食卓の風景も変わります。例えば、外食ではソーシャル（フィジカル）ディスタンスのもと、食卓でも距離を取り、真正面を避けて座ります。大皿料理や一つの鍋をつつき合うことは歓迎されません。コロナの収束後も、いくつかは新しいマナーとして定着していくのでしょう。

団欒は、明治以降日本が受容した食べ方のカタチです。それ以前長らくの間は、個人の膳に個人の器と箸（属人器）を配膳し、座する位置や食事内容は上下関係により決められ、家長や長男は別室の場合さえありました。食事中の会話も禁止でした。欧米文化の迅速な普及が求められた明治時代、暮らしの中核である食に切りこみ、新たなカタチが推奨されたのです。それは、ひとつの食卓を家族皆で囲み、自由に会話を楽しみながらの食事です。この欧米風の食形式は、家族のきずなを強め、人間関係を円滑にし、子どもたちの人格形成と社会性を育くむ、と謳われました。これを団欒と呼び、近代的で魅力的なものとされたのです。この延長線上に、洋食の普及とテーブルコーディネートの芽生えがあります。

団欒はすっかり定着しましたが、現在はカタチを変えつつあります。その一因には、テクノロジーが応用された食風景の変化があります。コロナ禍をきっかけに、この変化は加速するでしょう。

例えば、最近のオンライン飲み会は、同じ食卓を囲まずして〝ヴァーチャルな共食と団欒〟を成立させてくれます。一人で好きなものを飲食しても、孤食ではないのです。

また、日々の調理は無人化が進み、始めから終わりまですべて手作りすることが〝特別な趣味〟となるのもそう遠い未来ではないかもしれません。

このように、「食べるもの」「食べかた」「食べること」の意味は多様になっていきます。

しかし、人は人と関わり触れ合い、社会を作り共生してきた動物です。家族という最小の共同体では、これからも実際に触れあいながら食す〝従来のプライベートな共食スタイル〟を気兼ねなく行う一方、その他の人たちとは接触を軽減した〝新しいパブリックな共食スタイル〟も選択肢に入れ、様々な「食べかた」を状況によって自由に使い分けることになるのではないでしょうか。

「食べること」が変容していく今こそ、先人たちが「食べてきたもの」「食べかた」、そこから生まれた文化と物語を伝えたいと思い、この本を著しました。伝統美味食の豊かな世界を心に刻み、これからの新たな食の世界へダイブインし、存分に楽しむために。

今後どんな困難があろうとも、私たち人間の可能性と英知を信じ、希望と愛と信頼を持ち続け、柔軟な思考で、世界一体となって新たな未来を創造していくことを強く想像しつつ、この筆をおきたいと思います。

２０２０年６月28日

長尾典子

【著者略歴】 長尾典子
生活環境学修士（奈良女子大学）
［現在］
龍谷大学大学院農学研究科食農科学専攻博士後期課程伏木亨研究室在籍
京都文教短期大学非常勤講師
大阪夕陽丘短期大学非常勤講師

アール・ド・ヴィーヴルジャパン代表
ライフスタイルデザイナー・食卓文化研究家
NPO法人食空間コーディネート協会理事
食空間コーディネーター資格認定講師
卓育インストラクター　カラーコーディネーター
和食文化国民会議会員
和食文化学会会員
日本家政学会食文化研究部会会員

著書『12か月の Lifestyle Book 食卓からしあわせは始まる』（エピック）

アール・ド・ヴィーヴルジャパン　インスタグラム
http://www.a-de-v.com　nagaonoriko2020

食文化の歴史から未来まで、時代を追って「食べること」から社会を見つめる。

「日々の食にこそ美とおいしさはある」をモットーに“Nippon Stylish Life”を提唱。

身近な食材を使った簡単ヘルシーな手作り料理と、食卓を心地良くするコーディネート法を指導。

英語アナウンサーの経験から、英語による日本の食と文化の講師も務める。

本書は、伝統食材と料理の豊かな世界を探訪するセミナー「Japan Cool Seminar in Tokyo～伝統美味食探検～」の一部をまとめた。

和食の力に魅せられて　～伝統美味食の世界～

発刊日　2020年10月10日
著　者　長尾典子
デザイン　二宮　光
発行人　奥間祥行
発　行　株式会社エピック
651-0093　神戸市中央区二宮町1-3-2
電話078(241)7561　FAX078(241)1918
http://www.epic.jp　E-mail info@epic.jp
印刷所　モリモト印刷株式会社

ISBN978-4-89985-205-6 C0077